Philippe Lestang

Et si on comprenait

LA MESSE

Avec la nouvelle traduction du missel

*Il est grand,
le mystère de la foi !*

Octobre 2021

Du même auteur :

- Le fait Jésus (Actes Sud 2012)
- Un dossier sur "Puissance de la louange" (BoD 2017)
- Une traduction de la Lettre aux Éphésiens (BoD 2017)
- Le royaume de l'amour - Adaptation des évangiles (BoD 2017)
- Pré-lectures (BoD 2018)
- Approches (BoD 2020)
- Les mots et la foi (BoD 2021)

Site web: http://www.plestang.com

Les livres édités par BoD peuvent être commandés
dans toutes les bonnes librairies,
et peuvent être achetés sur les grands sites de vente en ligne.

*A Marie,
mère de l'Église*

SOMMAIRE

Avant-propos 7
INTRODUCTION 9
   Monter dans l'amour 10
   Un résumé de la foi chrétienne 11
   La prière 12
GÉNÉRALITÉS SUR LA MESSE 13
   Qu'est-ce que la messe ? 14
   De la Pâque juive à la nouvelle Pâque 16
   La messe, qui ? Pourquoi? 18
   La messe, comment? 20
   Le mot "liturgie" 22
LE DÉROULEMENT DE LA MESSE 23
   Rites d'ouverture *24*
      Chant d'entrée 24
      Salutation 24
      Préparation pénitentielle 26
      Gloire à Dieu ("Gloria") 28
      Prière (dite "Collecte") 29
   Liturgie de la Parole *30*
      Première lecture 30
      Psaume 31
      Acclamation de l'évangile 31
      Évangile 32
      Homélie 33
      Profession de foi 34
      Prière universelle 37
   Liturgie eucharistique *38*
      Les deux "tables" 38
      Préparation des dons 38
      Prière eucharistique 40

- 1 - Oraison et préface..40
- 2 - Sanctus 40
- 3 - Prière eucharistique proprement dite 41

Les "rites de communion" 45
- 1- Le "Notre Père 45
- 2. Rite de la paix 47
- 3. Fraction du pain 47
- 4. "Agneau de Dieu" 48
- 5. Communion 48
- 6. Temps après la communion 49
- 7. Prière après la communion 50

Rites de conclusion *50*
Salutation et bénédiction..50

GESTES ET OBJETS LITURGIQUES 53
Les gestes à la messe *54*
Gestes et déplacements du prêtre 54
Gestes des fidèles..56
Aspersion, encensements..58
Le service de l'autel *59*
Lectionnaires et missel..*60*
Objets liturgiques *61*

L'ESPACE LITURGIQUE 63

LA PAROLE DE DIEU A LA MESSE 65

TEMPS LITURGIQUES, FÊTES ET SOLENNITÉS 67

VIVRE LA MESSE 69
Le prêtre..70
Recevoir la communion...71
La communauté qui est Église 72
Prier à la messe...73
Marie et les Saints..75

AUTOUR DE LA MESSE...77
L'accueil 78
Le silence 79
La musique, le chant..80
Le psaume 82
Proclamer la Parole 83
Carnet de chants, feuille de messe 86
Coordination; cérémoniaire 87

- Célébrations pour enfants 88
- La quête 89
- La sortie 90

LA MESSE AU LONG DES JOURS 91
- Célébrations et rites particuliers 92
- Baptêmes pendant la messe 93
- Messes de mariage 93
- Obsèques 93
- Les autres confessions chrétiennes 94
- "Assemblées du dimanche" en l'absence de prêtre 95
- Célébrations particulières 96
- Et si nous faisions mieux? 97

RÉFLEXIONS 99
- Vous le croyez vraiment? 100
- La messe est-elle un sacrifice? 101
- Le péché, le salut 102
- Sur le vocabulaire de la messe 103
- Questions théologiques 104

ANNEXES 105
- Approfondir notre participation 106
- La nouvelle version française du texte de la messe 107
- Note sur diverses fêtes et solennités 109
- Les traductions françaises de la Bible 110
- Petit abécédaire religieux 111
- Vocabulaire 116
- Lexique 123
- Références des citations 126
- Bibliographie 127
- Sur Internet 129
- Index 130
- Abréviations 135
- Livres bibliques mentionnés 135
- Version électronique 136
- Postface 137
- Remerciements 138
- A propos de BoD 139
- Table des matières résumée 142

Avant-propos

Ce livre s'adresse à celles et ceux qui souhaitent comprendre mieux la messe, qu'ils soient croyants ou non. Il aborde aussi des points qui intéresseront davantage les participants réguliers, et les responsables.

Quelques pages d'introduction présentent la foi chrétienne. Elles sont suivies d'une description de la célébration de la messe, avec des explications et des commentaires. Puis un ensemble de chapitres examine des questions telles que l'utilisation de la Bible dans la liturgie, la musique, etc. Des annexes complètent le livre, notamment un lexique et une bibliographie.

Le mot "chrétien" sera fréquemment employé dans ce livre. Il faut le comprendre comme signifiant ici, en général, catholique.

La messe est une prière, un ensemble de prières. Elle est la prière par excellence du peuple chrétien, où l'on revit la Cène, la mort et la résurrection de Jésus-Christ. En célébrant la messe nous sommes comme transportés dans le temps, et associés à cet événement, auquel nous participons. Le Christ est présent.

La messe est également appelée "*eucharistie*", c'est à dire "action de grâces". Mais elle est plus qu'une simple action de grâces; elle est un sacrement, signe visible d'une réalité invisible: le don que le Christ nous a fait de la vie dans l'amour.

Un index figure en fin de volume.

La nouvelle traduction du missel, en vigueur à compter de novembre 2021, a été prise en compte. Les changements sont signalés en marge ou en note.

———

INTRODUCTION

Monter dans l'amour

L'au-delà n'est pas seulement "après la mort". C'est aussi un *présent*, invisible, maintenant.

Dieu existe; Jésus, venu sur terre il y a deux-mille ans, est ressuscité et s'est montré à ses apôtres; il continue à être présent au milieu des hommes, notamment par les Églises et par son Esprit.

Il nous a révélé la clef pour transformer nos vies, individuellement et collectivement: *c'est de monter dans l'amour*, dès à présent, avec son aide.

Le véritable bonheur, l'épanouissement complet, c'est de se donner; de s'ouvrir, d'aimer les autres "comme nous-mêmes"; ce qui en même temps nous enrichit, nous épanouit.

C'est au delà de nos capacités naturelles; seule la présence en nous de l'Esprit-Saint, esprit de Jésus, peut nous permettre d'aimer en dépassant nos limites, jusqu'à être éventuellement prêts à donner notre vie.

Le *salut* n'est pas ce qui se passera quand nous serons morts; c'est d'entrer dès à présent dans le royaume: dans l'amour. En Luc 17, Jésus affirme: "Le royaume de Dieu est au milieu de vous".

Le Christ a institué la messe, par la Cène qu'il a partagée avec ses disciples, et où il a dit en parlant de sa mort et de sa résurrection:

"Ceci est mon corps, livré pour vous. Faites ceci en mémoire de moi!"

Jésus nous apporte le salut: la possibilité de sortir de notre égoïsme et de nos limites en nous appuyant sur lui, présent au milieu de nous.

―――

Un résumé de la foi chrétienne

Les chrétiens sont convaincus qu'il existe un être très supérieur, Dieu, qui s'est progressivement révélé aux hommes: d'abord au peuple d'Israël; puis en Jésus-Christ, mort et ressuscité pour nous ouvrir le chemin vers l'amour infini.

Dieu met en nous son Esprit, *l'Esprit Saint*, qui nous transforme intérieurement. En nous appuyant sur Jésus et sur son Esprit, par la prière et par les sacrements[1], notamment l'eucharistie, nous sommes transformés, jusqu'à atteindre parfois la sainteté.

Vivre en chrétien, c'est mettre l'amour à la première place, avec l'aide du Christ et de ses sacrements. C'est essayer d'être fraternel avec tous les hommes. C'est prier pour être de plus en plus en lien avec Dieu. C'est se réunir entre chrétiens pour mieux connaître la Bible et célébrer le mémorial que le Seigneur nous a laissé, appelé "Messe" par les catholiques, "Divine liturgie" par les orthodoxes, et "Sainte Cène" par certains protestants.

Les chrétiens pensent qu'après la mort nous serons jugés sur nos actes (voir p.ex. Mt 25, le "jugement dernier"), mais aussi que l'évolution spirituelle continuera dans l'au-delà[2].

---

[1] Voir l'abécédaire religieux en annexe page 111.
[2] Concept de "purgatoire".

La prière

La prière est une relation à Dieu, individuelle ou collective.

Prier, c'est se mettre en présence de Dieu; c'est lui parler; mais c'est aussi l'écouter, et le laisser agir en nous; pour nous.

Il y a beaucoup de façons de prier:
- Rester en silence, en étant simplement nous-mêmes devant lui.
- Lire quelques lignes de la Bible, et les laisser agir en nous.
- Chanter un morceau de chant religieux que l'on aime !
- Etc.

Au cours de la messe nous prions tantôt seul notamment pendant les silences; tantôt avec le prêtre, qui parle en notre nom; et tantôt tous ensemble, par des paroles ou des chants.

La messe comprend différents types de prière: de louange, de supplication, d'action de grâces.

Dieu nous parle dans la prière: bien sûr, en général on ne l'entend pas physiquement; mais par instants, si l'on croit vraiment, on est convaincu de sa présence et, dans la spontanéité de notre coeur, nous sentons comment agir selon son amour.

Quand on désire vraiment aimer nos frères et soeurs humains, on comprend peu à peu que Dieu seul peut nous changer et nous apprendre à aimer.

Que c'est en priant qu'on sera transformé; et qu'ainsi on rayonnera, sans même s'en apercevoir, de l'amour du Seigneur.

La prière devient alors aussi indispensable que la nourriture du corps.

———

GÉNÉRALITÉS SUR LA MESSE

Qu'est-ce que la messe ?

*"Mon corps est la vraie nourriture;
mon sang est la vraie boisson"*
(Jean 6,55)

Par sa mort et sa résurrection, Jésus nous a ouvert le chemin vers une vie nouvelle: vie dans l'amour; dans la relation à Dieu.

La messe est la célébration par laquelle l'Église nous "re-présente" (rend présent) le sacrifice du Christ, par un rite qu'il a lui même institué lors de son dernier repas.

Dès les premiers temps, les chrétiens se sont réunis en une cérémonie particulière, appelée à l'époque "le repas du Seigneur", repas de communion faisant mémoire du Christ crucifié et ressuscité, *"pour entendre la parole de vie et se nourrir de la nourriture divine qui demeure éternellement"*[3].

Le terme "Eucharistie", qui signifie étymologiquement "action de grâces", a été utilisé assez rapidement par l'Église pour désigner *à la fois le pain consacré et l'ensemble de la cérémonie*.

Les catholiques et les orthodoxes, ainsi que les luthériens et certains anglicans, considèrent que le pain et le vin consacrés sont *présence réelle* du Christ (sous une forme non sensible). Les autres églises chrétiennes (calvinistes, évangéliques, etc.) ne voient dans l'eucharistie qu'une "présence spirituelle" du Christ (quoi qu'on entende par là), ou une simple commémoration.

Le terme "Messe" vient du latin "Missa", qui désignait, à la fin de la messe, l'envoi des fidèles ("Allez, c'est l'envoi!"), et qui a fini par désigner l'ensemble de la cérémonie.

Beaucoup de chrétiens, quand ils le peuvent, participent quotidiennement à la messe: elle est pour eux "la source et le sommet" de leur vie chrétienne (Concile Vatican 2).

---

[3] "Didascalie des apôtres" (vers 250).

La messe comprend principalement deux grandes parties, la "liturgie de la Parole" et la "liturgie eucharistique". S'y ajoutent les prières d'ouverture ("rites d'entrée") et de conclusion.

Ce livre présente la messe dans la version de l'église catholique de rite "romain": il existe également des églises d'Orient rattachées à Rome, dont les rites liturgiques sont différents.

Chaque communauté linguistique (de langue française, anglaise, espagnole, etc.) utilise une version spécifique des prières de la messe.

Nous ne parlerons ici que de la *nouvelle version française* de novembre 2021. La mention "(MODIFIÉ)" indique que le texte comprend une ou plusieurs modifications par rapport aux missels antérieurs.

―――

De la Pâque juive à la nouvelle Pâque

Le livre de l'Exode raconte que les Hébreux ont pu quitter l'Egypte grâce à une intervention de Dieu, un "passage" du Seigneur, pour lequel ils devaient se préparer en mangeant un agneau dont le sang, répandu sur leur porte, leur donnerait la vie sauve, tandis que l'Ange du Seigneur répandrait la mort sur les premiers nés égyptiens.

Une fête annuelle, Pessah ou "la Pâque" (le "*passage*"), célébrée chaque année au printemps, a ensuite été créée avec un cérémonial détaillé pour commémorer cette libération: le passage du Seigneur, et le passage de la Mer Rouge pour quitter l'Egypte.

Avant de mourir et de ressusciter, Jésus a célébré la Pâque avec ses disciples[4], par anticipation le jeudi soir[5]. Au cours de ce repas, il a créé un nouveau cérémonial, qu'il a demandé à ses disciples de reproduire: "Ceci est mon corps, livré pour vous" a-t-il dit en partageant le pain. "Ceci est mon sang, versé pour vous", a-t-il dit avec une des coupes du rituel de la Pâque.

Jésus se présente comme *le nouvel agneau pascal*, qui libère les hommes, non plus de la servitude en Egypte, mais, bien mieux, de la servitude du péché, qui est l'absence d'amour, le refus de l'amour.

Il a fallu toute l'histoire du peuple d'Israël, pendant près de deux-mille ans, pour préparer les coeurs à un renversement: Dieu ne nous propose pas la réussite matérielle sur terre, mais le bonheur d'une relation humble et confiante avec lui; et l'acceptation de l'échec à vues humaines, pour participer à la vie de l'amour, vie de l'Esprit-Saint; dans ce monde, puis dans l'autre.

---

[4] Cf. Giraudo, p. 137 et suiv.
[5] Cf. Petitfils, p.293 et suiv.

Jésus meurt sur la croix le jour où l'on égorge les agneaux au Temple.

Mais il ressuscite ensuite, et nous révèle ainsi le sens de son sacrifice: nous montrer le chemin vers une vie nouvelle. Ce n'est qu'à la Pentecôte, cinquante jours plus tard, par la descente de l'Esprit Saint en eux, que les disciples le comprendront vraiment.

La nouvelle Pâque, le nouveau passage, ce n'est plus de l'esclavage en Egypte à la libération; c'est **de l'esclavage du péché à la vie dans l'Esprit.**

———

La messe, qui? Pourquoi?

Dans l'église catholique, la messe est nécessairement présidée par un prêtre, ordonné par un évêque. Les prêtres sont actuellement des hommes; il y a dans certains milieux un débat pour savoir si cela pourrait être modifié ou non.

Il existe quelques prêtres mariés: d'une part des prêtres anglicans convertis au catholicisme, et d'autre part les prêtres des églises de rite oriental rattachées à Rome.

C'est *l'assemblée*, l'ensemble des présents ("fidèles"= ayant la foi), qui "célèbre" la messe. L'appellation "célébrant", parfois utilisée pour désigner le prêtre, est en fait inexacte. Le prêtre "préside" l'assemblée. Le centre de la messe est la "consécration" des *hosties*, portions de pain sans levain, qui deviennent le corps du Christ, et que nous recevons à la "communion"[6].

La célébration de la messe peut avoir lieu tous les jours, et même si c'est utile, plusieurs fois dans une journée. Elle a lieu normalement dans une église qui a été consacrée à cet effet. Mais, lorsque c'est approprié, il est possible de célébrer en d'autres lieux, par exemple en plein air.

Les textes des lectures, et certaines prières, sont différents chaque jour, en suivant pour l'essentiel un rythme de 3 ans.

Pourquoi la messe?
Comme nourriture spirituelle, intellectuelle et humaine.

Nourriture spirituelle: participer à la messe, c'est avoir un contact direct avec le mystère de Jésus, mort et ressuscité, qui nous a donné ce "mémorial" pour que nous puissions jour après jour, surtout si nous communions, entrer en relation physique, matérielle,

.. / ..

---

[6] Le mot "hostie" signifie originairement, en latin, "victime".

avec notre Dieu, qui est tout autre mais en même temps présent; et l'incorporer en nous. Devenir des saints, de la sainteté de Dieu.

Nourriture intellectuelle: notamment par l'écoute des textes des lectures, et leur commentaire éventuel par le prêtre ou une autre personne qui en est chargée.

Nourriture humaine: d'abord en "faisant un" avec nos frères chrétiens, ceux qui sont présents, mais aussi tous ceux à qui nous pensons. Et en priant pour le monde.

———

La messe, comment?

Vêtements, gestes, paroles, que d'aspects déroutants dans une cérémonie comme la messe!

Le prêtre porte normalement une aube blanche, longue et à manches, recouverte en tout ou partie par une "chasuble" (vêtement ample sans manches), de la couleur prévue pour la messe du jour. Il a également autour du cou une "étole" (sorte d'écharpe).

Il peut y avoir plusieurs prêtres qui célèbrent ensemble, l'un d'eux est le célébrant principal ("*président*"), qui parfois est le seul à porter la chasuble, les autres prêtres ayant simplement une étole sur leur aube.

Un ou plusieurs *diacres*[7], portant une étole en biais, sont parfois également présents. Ils participent à la célébration de la messe pour la lecture de l'évangile, le rite du partage de la paix, et "l'envoi" final.

Des "servants d'autel", qui sont souvent des jeunes, peuvent participer à la célébration: ils portent éventuellement une aube.

La procession d'entrée, s'il y en a une, comprend les prêtres, précédés par les servants d'autel portant une grande croix et des cierges. Ils partent en général du fond de l'église, et se dirigent vers le choeur (la partie centrale, où se trouve l'autel).

Parfois (par exemple pour de grandes fêtes liturgiques) la procession d'entrée pourra comporter d'autres participants.

Une personne chargée de l'animation des chants prendra éventuellement place aussi dans le choeur.

../..

---

[7] Voir vocabulaire en annexe. page 116

Il peut arriver, dans les régions où il y a peu de prêtres, que la messe soit remplacée par une "Assemblée dominicale" de chrétiens, qui ne reprendra qu'une partie des prières de la messe; et notamment pas la prière eucharistique centrale, puisqu'il n'y a pas de prêtre pour consacrer les hosties[8].

Le texte de référence pour la célébration de la messe est le "Missel romain". Une nouvelle version de sa traduction française vient d'être publiée, et entre en vigueur à l'automne 2021.

On trouvera en annexe une présentation résumée du processus qui a conduit à ce changement.

La "Présentation Générale du Missel Romain", qui commente le missel, spécifie tous les aspects de la célébration de la messe. Il y sera fait référence dans ce livre sous l'abréviation "PGMR".

---

[8] Voir p.95.

Le mot "liturgie"

Le mot "liturgie" nous vient de l'antiquité, où il désignait déjà l'ensemble des cérémonies et des prières composant le culte d'une divinité.

Dans le cadre du christianisme, il s'applique à tous les aspects du culte, qu'il s'agisse de la messe ou des divers sacrements.

A la messe on distingue principalement une partie appelée "liturgie de la Parole", qui comprend notamment la lecture d'un ou de plusieurs textes de la Bible ainsi que le chant d'un psaume, et la "liturgie eucharistique" qui est l'ensemble des prières entourant la "consécration", c'est à dire le moment où le prêtre reprend les paroles de Jésus: "*Ceci est mon corps, Faites ceci en mémoire de moi*" et où, selon sa promesse, les hosties deviennent, réellement mais d'une façon non visible, le corps du Christ.

Plus largement, on entend par liturgie tout ce qu'il est nécessaire de prévoir et de faire pour que la célébration de la messe puisse se dérouler correctement, et notamment le choix des chants et des lecteurs, la disposition des lieux, la distribution de la communion etc.

Le mot "rite" est également utilisé par les livres expliquant la liturgie (p.ex. "rite d'entrée" etc.). C'est le détail de ce que le prêtre est invité à dire et à faire à chaque moment.

Pour désigner le texte décrivant la succession des rites de la messe, on emploie le terme "Ordinaire de la messe", par traduction (fautive?) du mot latin "ordo": ordonnancement.

LE DÉROULEMENT DE LA MESSE

Rites d'ouverture

(du chant d'entrée au Gloria)

Chant d'entrée

On se lève à l'entrée du ou des prêtres.

Le chant d'entrée est chanté pendant la procession d'entrée: les prêtres se rendent à l'autel puis à leurs sièges.

S'il n'y a pas de chant, le prêtre ou un lecteur[9] lit l'antienne[10] d'ouverture, qui est en général un bref extrait biblique.

Salutation

Le prêtre ouvre la célébration:

- "Au nom du Père, et du Fils, et du Saint-Esprit."

L'assemblée répond: "Amen!"

Puis il emploie l'une des trois formulations suivantes:

1 - "*La grâce de Jésus, le Christ, notre Seigneur, l'amour de Dieu le Père, et la communion de l'Esprit Saint, soient toujours avec vous!*"[11]

2- "*Que la grâce et la paix de Dieu notre Père, et du Seigneur Jésus, le Christ, soient toujours avec vous!*"[12]

3- "*Le Seigneur soit avec vous!*"

L'assemblée répond: "Et avec votre esprit!"

---

[9] PGMR "Présentation Générale du Missel Romain" § 48 - Voir sa définition dans le vocabulaire page 121.
[10] Pour tout le vocabulaire, voir l'annexe page 116.
[11] Nouveau missel.
[12] Nouveau missel.

Lorsque le président est un évêque, il dit simplement:
- "*La paix soit avec vous!*"

Après cette salutation, le prêtre, ou un laïc désigné à cet effet, peut, par quelques mots très brefs, introduire à la messe du jour[13].

Vient ensuite la "préparation pénitentielle".

COMMENTAIRES

- Les prêtres embrassent l'autel, qui est l'élément le plus important de l'édifice "église": il évoque la table de la dernière Cène, et est à la fois l'équivalent de l'ancien autel des sacrifices de l'Ancien Testament et le symbole de la "pierre angulaire", pierre de faîte, terme sous lequel on désigne Jésus; pierre qui donne à tout l'édifice de l'Église sa solidité (voir Mt 21,42 et 1 P 2,4) [14]. *En embrassant l'autel, ils expriment leur communion avec le Christ et avec toute l'Église du ciel, dont la présence est symbolisée par les reliques de saints qu'il contient.*

- Certains prêtres commencent la célébration en disant "Nous sommes réunis au nom du Père, ... (etc)".

- On trace sur soi le "signe de croix"- front, poitrine, épaule gauche, épaule droite - en même temps que le prêtre dit "Au nom du Père, ... "

- L'expression "Au nom du Père ...", qui invoque la Trinité, signifie que nous nous réunissons "sous l'autorité de Dieu"; "en présence de Dieu"; comme Dieu nous l'a demandé.

- Le mot hébreu "Amen!" par lequel on répond au signe de croix pourrait se traduire par "Oui, vraiment!" ou par "Ainsi soit-il!".

- La deuxième formulation ci-dessus ("Le Seigneur soit avec vous!), aurait pu se traduire: "Le Seigneur est avec vous" (en latin, c'est "Dominus vobiscum"). Elle aurait été ainsi la reprise exacte de la salutation de l'Ange Gabriel à Marie (Luc 1,28).

- La réponse "Et avec votre esprit" reprend un souhait biblique (p.ex. en 2 Tm 4,22). En français moderne on dirait plutôt: "Et avec vous aussi".

---

[13] PGMR § 50.
[14] Voir les abréviations de livres bibliques en annexe, page 134.

Préparation pénitentielle

Elle commence par une **monition initiale** du prêtre:

"Frères et soeurs, préparons-nous à célébrer le mystère de l'Eucharistie, en reconnaissant que nous avons péché"[15].

On fait une brève pause en silence.

Puis on prend une des 4 formules ci-dessous
- Formule 1: "Je confesse à Dieu ... "
- Formule 2: "Prends pitié de nous, Seigneur"
- Formule 3: "Seigneur Jésus envoyé pour guérir..."
- Formule 4: Aspersion avec de l'eau bénite

1 - Je confesse à Dieu (MODIFIÉ)

"Je confesse à Dieu tout-puissant,
je reconnais devant vous, frères et soeurs,
que j'ai péché en pensée, en parole,
par action et par omission;
oui, j'ai vraiment péché (On se frappe la poitrine).
C'est pourquoi je supplie la bienheureuse Vierge Marie,
les anges et tous les saints,
et vous aussi, frères et soeurs,
de prier pour moi le Seigneur notre Dieu."

2 - Prends pitié de nous Seigneur (NOUVEAU)

Prêtre: "*Prends pitié de nous Seigneur*".
Assemblée: "Nous avons péché contre toi. "
Pr: "*Montre-nous, Seigneur, ta miséricorde.*"
Ass.: "Et donne-nous ton salut."

---

[15] Nouveau missel.

3 - <u>Seigneur Jésus, envoyé ...</u>(MODIFIÉ)

>Prêtre: "*Seigneur Jésus, envoyé pour guérir les coeurs qui reviennent vers toi: Seigneur, prends pitié!*"
>
>Ass: "Seigneur, prends pitié!"
>
>Prêtre: "*Ô Christ, venu appeler les pécheurs: Ô Christ, prends pitié!*"
>
>Ass: "Ô Christ, prends pitié!"
>
>Prêtre : "*Seigneur, qui sièges à la droite du Père où tu intercèdes pour nous: Seigneur, prends pitié!*"
>
>Ass: "Seigneur, prends pitié!"

•<u>Conclusion</u>

>Prêtre: "*Que Dieu tout-puissant nous fasse miséricorde, qu'il nous pardonne nos péchés et nous conduise à la vie éternelle.*" Ass: "Amen!"

•<u>Kyrie</u>[16] (si on a choisi les formules 1 ou 2 ci-dessus. Récité ou chanté; de nombreuses variantes existent)

>*Seigneur, prends pitié!* (bis), *O Christ, prends pitié!* (bis), *Seigneur, prends pitié!* (bis)

COMMENTAIRES

- La "monition" initiale est orientée sur le péché comme étant en quelque sorte une succession d'actes isolés: "Nous avons péché". Une autre approche, non prévue par les textes, serait d'affirmer au présent: "nous péchons", ou "nous sommes pécheurs".

- Pour le mot "mystère" voir le Lexique à la fin de ce livre.

- La 2° formule ci-dessus ("accorde-nous ton pardon") comprend une citation partielle du récit du "Fils prodigue": "J'ai péché contre le Ciel et contre toi" (Luc 15,21). Mais alors que le Fils prodigue s'humilie ("traite-moi comme un de tes serviteurs"), on demande ci-dessus à Dieu de nous montrer sa miséricorde. On aurait pu dire, plus humblement, que nous espérons en cette miséricorde.

---

[16] "Kyrie", mot grec, signifie "Seigneur - La formule traditionnelle de demande de pardon, toujours utilisable, est "Kyrie eleison", signifiant: "Seigneur, prends pitié".

- Dans la 3° formule, il est dit à la fin que le Christ "intercède pour nous". Voir commentaire page 104.

- Dieu est-il "tout-puissant"? Cela dépend de ce qu'on entend par là. Certains prêtres contournent la difficulté en disant "tout-puissant d'amour", ce qui n'est pas la même chose. On pourrait dire "le Père tout-puissant", ce qui adoucit l'affirmation sans la changer. Voir Revue Etudes 2007/I [17].

Gloire à Dieu ("Gloria")

Le Gloria est dit ou chanté les dimanches et fêtes, sauf pendant le temps de l'Avent (avant Noël) et pendant le Carême[18]. Comme pour le Kyrie, de nombreuses variantes chantées en existent.

"Gloire à Dieu, au plus haut des cieux, (MODIFIÉ)
et paix sur la terre aux hommes qu'il aime.

Nous te louons, nous te bénissons, nous t'adorons,
nous te glorifions, nous te rendons grâce
pour ton immense gloire,
Seigneur Dieu, Roi du ciel, Dieu le Père tout-puissant.

Seigneur, Fils unique, Jésus Christ,
Seigneur Dieu, Agneau de Dieu, le Fils du Père.
Toi qui enlèves les péchés du monde[19], prends pitié de nous
Toi qui enlèves les péchés du monde, reçois notre prière ;
Toi qui es assis à la droite du Père, prends pitié de nous.
Car toi seul es saint, Toi seul es Seigneur,
Toi seul es le Très-Haut, Jésus Christ,
Avec le Saint-Esprit
Dans la gloire de Dieu le Père.

Amen !"

---

[17] https://www.cairn.info/revue-etudes-2007-1-page-62.htm
[18] Il est cependant chanté pour les solennités (Immaculée conception, fête de Saint Joseph, Annonciation).
[19] Nouveau missel.

COMMENTAIRES

- *"Gloire à Dieu"*: *Nous ne nous exprimons plus guère ainsi aujourd'hui; c'est une louange: loué soit Dieu!*

- *"... au plus haut des cieux": Ces deux premières lignes du Gloria proviennent de l'évangile de Luc (2,14); ce sont les anges qui s'expriment ainsi lors de leur apparition aux bergers à Bethléem.*

- *"... aux hommes qu'il aime": le texte, tiré de Luc 2.14, veut dire que Dieu aime tous les hommes (voir note de la Bible Osty).*

- *Le texte comprend principalement des invocations adressées au Fils, précédées par des louanges au Père, et suivies par une mention trinitaire.*

- *Jésus y est désigné notamment comme "l'agneau de Dieu qui enlève le péché du monde", ainsi que Jean-Baptiste l'avait qualifié (Jean 1,29).*

- *"Assis à la droite du Père": C'est la formule de conclusion de l'évangile de Marc (Mc 16,19): "assis à la droite de Dieu".*

Prière (dite "Collecte")

La fin des "rites d'ouverture" est marquée par une prière qui comprend quatre éléments:
- Une invitation par le prêtre: "Prions!".
- Une prière silencieuse de tous.
- L'oraison ou "collecte", dite par le prêtre.
- Un "Amen!" de l'assemblée.

Après quoi on s'assied pour écouter la ou les lectures et le psaume.

Liturgie de la Parole
(de la première lecture à la prière universelle)

Première lecture
(Il y a deux lectures les dimanches et fêtes[20])

Le lecteur s'avance, s'incline devant l'autel et se rend à "l'ambon", nom du pupitre où est placé le "lectionnaire"[21].

Il annonce de quel livre biblique provient le texte qu'il va *proclamer* (terme préférable à celui de "lire"); exemple: "Du livre du prophète Isaïe, au chapitre 5".

A la fin de sa lecture il dit: "*Parole du Seigneur*", pour bien marquer que c'est un extrait de la Bible, Parole de Dieu, qu'il vient de lire, et que c'est Dieu lui-même qui nous parle par cette lecture.

L'assemblée répond: "Nous rendons grâce à Dieu!".

Le lecteur quitte alors l'ambon et retourne à sa place.

Un bref silence doit être observé après chaque lecture[22], pour permettre à chacun de "goûter la saveur" de ce qui a été lu; ceci pourrait s'appliquer aussi au psaume[23].

La deuxième lecture, quand il y en a une, est faite après le chant du psaume.

COMMENTAIRES

- Toute lecture d'un texte de la Bible au cours de la Messe est en fait une "proclamation": c'est l'annonce, à l'assemblée, d'une parole du Seigneur: "Ecoutez! Proclamation de la Parole du Seigneur!" La Bible nous transmet la révélation par le Seigneur de son action à toutes les époques; de ses interventions, à travers des femmes et des hommes.

---

[20] A certaines fêtes exceptionnelles, la structure des lectures est différente.
[21] Voir page 83 les conseils pour les lecteurs.
[22] PGMR paragraphe 45.
[23] André Louf, in Wright p.125.

Chaque passage comprend des leçons pour notre vie et pour notre époque; la Bible reste d'actualité.
- Le dimanche, la première lecture est en général tirée du "Premier Testament", et la deuxième du "Nouveau Testament": par exemple des lettres de Saint Paul, etc.
- Une présentation des textes du jour est souhaitable, soit dans la feuille de messe, soit avant la messe, ou éventuellement - en une ou deux phrases maximum - juste avant chaque lecture.

Psaume

Le psaume doit être si possible chanté, par un soliste ou par un choeur; sinon il peut être lu[24].

Comme les lectures, c'est à partir de l'ambon que le psaume doit être chanté, et non pas à partir du pupitre de chant. *C'est la Parole de Dieu*, et en même temps une prière de l'assemblée.

D'abord le refrain du psaume est chanté ou lu par le soliste, et répété par l'assemblée.

Puis, au choix ou selon la nature du psaume, le refrain peut être repris, soit entre chaque strophe ou groupe de strophes, soit seulement à la fin.

Acclamation de l'évangile

La lecture de l'évangile est faite par le prêtre ou par un diacre. L'assemblée se met debout.

Pendant que le prêtre ou le diacre se dirige vers l'ambon, on chante *l'acclamation*, qui, sauf pendant le Carême, comporte principalement ou uniquement des Alleluia.

---

[24] Voir en page 82 la fiche de conseils pour les psaumes.

Il existe un nombre non limité de textes et de mélodies pour l'Alleluia; exemple: "Chante Alleluia au Seigneur!".

Pendant le Carême, on utilise une acclamation ne comportant pas d'Alleluia; exemple: "Gloire à toi Seigneur, gloire à toi!"

L'acclamation est répétée deux fois, séparées par le chant ou la lecture d'un bref texte prévu par la liturgie; c'est le chantre, normalement, qui fait cette brève lecture (ou qui la chante), à partir du pupitre de chant; en fait c'est assez souvent le prêtre qui la lit.

Évangile

Le prêtre ou le diacre annonce de quel évangile provient le texte qu'il va lire ou chanter:

>Prêtre : *"Le Seigneur soit avec vous!"*
>Ass: "Et avec votre Esprit!"
>Prêtre : *"Lecture de l'Évangile selon ..."*
>Ass: "Gloire à Toi, Seigneur!"

On trace à ce moment trois petites croix, sur le front, sur la bouche et sur le coeur.

A la fin, le prêtre dit:

>"Acclamons la Parole de Dieu!"

(et *non pas* acclamons "cette" parole de Dieu, car c'est Jésus, parole vivante de Dieu, qui est acclamé).

C'est pourquoi l'assemblée répond:

>"Louange à Toi, Seigneur Jésus!"

Puis le prêtre embrasse le livre.

COMMENTAIRES
- *"Évangile" veut dire "Bonne nouvelle".*
- *Il serait utile, comme le font nos frères protestants, de mentionner avant chacune des lectures le numéro du chapitre et des versets dont elle est tirée. Cela contribuerait à une meilleure connaissance de la Bible.*

- Les trois petites croix tracées avant l'Évangile nous invitent à comprendre la Parole, à la partager, et à en vivre.

- Le prêtre embrasse le lectionnaire pour manifester sa foi et son amour de Jésus, Parole de Dieu.

- Faut-il suivre les lectures en lisant dans son missel (ou une revue telle que "Magnificat"), ou bien faut-il écouter? Bien que la sonorisation - et la qualité de la lecture - ne soient pas toujours satisfaisants, il est recommandé, après avoir lu à l'avance chez soi, d'écouter, afin de se laisser "surprendre": car souvent le texte n'est pas exactement ce que l'on avait en tête...

Homélie

Le "sermon" s'appelle officiellement "homélie", mot venant du grec et qui signifie "conversation"!

Les textes officiels spécifient qu'elle peut être faite par le prêtre ou un diacre, "mais jamais par un laïc"[25]. Certaines communautés religieuses invitent cependant parfois l'un ou l'autre de leurs membres consacré(e)s, non prêtres mais dûment formés, à faire cette homélie.

Le but de l'homélie est d'abord, si nécessaire, d'expliquer les textes de l'Ecriture qui ont été lus ("proclamés"); à les replacer aussi dans leur contexte.

Il est également d'inviter les participants à une réflexion personnelle ou collective: Nous sentons-nous concernés par ces textes?

Lorsque l'homélie est faite par l'évêque, il peut éventuellement choisir de la dire assis à partir de son siège.

"Après l'homélie, il sera utile d'observer un bref moment de silence" (PGMR).

---

[25] PGMR § 66.

Profession de foi

Le "Credo", ou "profession de foi", est récité ou chanté par toute l'assemblée aux messes du dimanche et aux solemnités.

Il existe deux professions de foi, au choix: le "Symbole des Apôtres", assez court et en général connu de tous, et le "Symbole de Nicée-Constantinople", plus long.

L'appellation "symbole" vient du grec: il s'agit de ce qu'on appellerait aujourdhui un texte d'accord; un "Accord".

On se met debout, pour manifester l'adhésion de chacun à ce rappel de notre foi.

Noter que l'on dit "Je crois", et non "Nous croyons".

<u>Symbole des Apôtres</u>

"Je crois en Dieu, le Père tout-puissant,
créateur du ciel et de la terre ;
et en Jésus-Christ, son Fils unique, notre Seigneur,
qui a été conçu du Saint-Esprit,
est né de la Vierge Marie,
a souffert sous Ponce Pilate, a été crucifié,
est mort et a été enseveli, est descendu aux enfers,
le troisième jour est ressuscité des morts,
est monté aux cieux,
est assis à la droite de Dieu le Père tout-puissant,
d'où il viendra juger les vivants et les morts.

Je crois en l'Esprit-Saint,
à la sainte Église catholique,
à la communion des saints, à la rémission des péchés,
à la résurrection de la chair, à la vie éternelle.
Amen."

Symbole de Nicée-Constantinople (MODIFIÉ)

"Je crois en un seul Dieu, le Père Tout-Puissant,
créateur du ciel et de la terre;
de l'univers visible et invisible.
Je crois en un seul Seigneur, Jésus-Christ,
le Fils unique de Dieu,
né du Père avant tous les siècles.Il est Dieu, né de Dieu,
Lumière, né de la Lumière,
vrai Dieu, né du vrai Dieu;
engendré, non pas créé,
consubstantiel au Père,
et par Lui tout a été fait.

Pour nous les hommes, et pour notre salut,
il descendit du ciel;
par l'Esprit Saint, il a pris chair de la Vierge Marie,
et s'est fait homme.

Crucifié pour nous sous Ponce Pilate,
il souffrit sa passion et fut mis au tombeau.

Il ressuscita le troisième jour, conformément aux Écritures,
et il monta au ciel. Il est assis à la droite du Père.

Il reviendra dans la gloire, pour juger les vivants et les morts,
et son règne n'aura pas de fin.

Je crois en l'Esprit Saint, qui est Seigneur et qui donne la vie;
Il procède du Père et du Fils; avec le Père et le Fils,
il reçoit même adoration et même gloire;
il a parlé par les prophètes.

Je crois en l'Église, une, sainte, catholique et apostolique.

Je reconnais un seul baptême, pour le pardon des péchés.
J'attends la résurrection des morts, et la vie du monde à venir.
Amen."

La version française du Symbole de Nicée ci-dessus est légèrement modifiée: au lieu de dire du Christ qu'il est "de même nature que le Père", on dit qu'il est "consubstantiel"[26].

COMMENTAIRES

- *"... descendu aux enfers": Cette expression ancienne désigne le séjour des morts: Jésus est venu sauver tous les hommes, y compris ceux qui ont vécu avant lui.*
- *".. assis à la droite de Dieu": Saint Jean Damascène écrit: "Par la droite du Père, nous entendons la gloire et l'honneur de la divinité", qu'il retrouve après sa vie terrestre.*
- *".. communion des saints": C'est la communion, c'est à dire l'unité des coeurs, entre tous les croyants, sur terre et dans le ciel.*
- *"... la résurrection de la chair": Nous croyons que dans la vie éternelle nous ne serons pas des âmes désincarnées, mais des êtres avec leur sensibilité, et tout ce que notre corps exprime.*
- *"Je crois en un seul Seigneur, Jésus-Christ": "Seigneur" est une autre façon de désigner Dieu. Jésus est "notre Seigneur".*
- *"... né du Père": Il est dit plus loin "engendré" par le Père.*
- *"Consubstantiel": Il partage avec le Père une unique "substance" (quoi qu'on entende par là!).*
- *"... par Lui tout a été fait": Jésus, étant Dieu, est en même temps que son Père à l'origine de la création.*
- *"Crucifié pour nous": Par sa mort et sa résurrection, il nous ouvre la vie dans l'amour.*
- *"Église sainte, catholique, apostolique": L'Église porte en elle la sainteté de son fondateur, le Christ; elle est "catholique" c'est à dire universelle, unissant le monde entier. Elle est apostolique - on aurait pu le mettre en premier - parce qu'elle nous transmet ce dont les Apôtres ont été les témoins. Noter que le texte latin dit "je crois <u>à</u> l'Église", comme dans l'autre Credo*[27].
- *"Un seul baptême": Le texte ne dit pas "je crois", mais "je reconnais": je reconnais que le baptême m'engage. "Un seul" baptême: Tous les chrétiens sont unis par le baptême reçu.*

———

[26] Voir p.107.
[27] Voir encyclopédie Théo, p.575

Prière universelle

La Prière universelle, ou "prière des fidèles", n'est prévue habituellement qu'aux messes des dimanches et fêtes. Elle est précédée d'une phrase introductive du prêtre (Ex.: "Prions, frères et soeurs ...").

Elle est lue, en général de l'ambon, par un lecteur, au nom de l'assemblée, sous la forme de quelques intentions de prière, suivies à chaque fois d'un silence, puis en général d'un refrain dit ou chanté par l'assemblée.

Les intentions portent sur des personnes, et doivent éventuellement tenir compte des circonstances; elles sont habituellement:
- pour l'Église
- pour les responsables politiques et sociaux; pour le salut du monde
- pour les personnes qui souffrent ou sont accablées de difficultés
- pour la communauté paroissiale.

Les intentions s'adressent à Dieu ("Seigneur nous te prions")

Le prêtre conclut la prière par une brève oraison.

COMMENTAIRE

- "Comme les intentions s'adressent à Dieu, il n'est pas approprié, dans le texte de ces intentions, de s'adresser à l'assemblée, avec des phrases telles que : "Demandons à Dieu ..." ou "afin que Dieu ...".

———

Liturgie eucharistique

(de la "préparation des dons" à la communion)

Les deux "tables"

"*La messe dresse la table aussi bien de la parole de Dieu que du Corps du Christ; où les fidèles sont* instruits *et* restaurés"[28].

Les deux tables sont aussi, concrètement, **l'ambon** et **l'autel**.

Après la liturgie de la Parole, centrée sur l'ambon, la liturgie eucharistique se centre, elle, sur l'autel.

Ces deux parties de la messe sont "*si étroitement liées qu'elles forment un seul acte de culte*"[29].

Le mot "Eucharistie" désigne l'ensemble de la célébration, en même temps que, plus spécifiquement, le pain consacré.

Préparation des dons
("*Offertoire*")

Le prêtre ou les servants d'autel apportent à l'autel les objets qui vont servir au moment de la consécration: corporal, purificatoire, calice et pale[30].

La grande hostie et éventuellement quelques petites hosties, sur une patène, sont également apportés, ainsi que le vin et l'eau, et un ciboire s'il faut consacrer beaucoup d'hosties; cela peut être sous la forme d'une procession des offrandes.

La quête a lieu également à ce moment.

---

[28] PGMR 28.
[29] PGMR 28.
[30] Voir vocabulaire page 116.

Puis le prêtre prend la patène et dit[31]:

> "Tu es béni, Seigneur, Dieu de l'univers:[32] nous avons reçu de ta bonté le pain que nous te présentons, fruit de la terre et du travail des hommes; il deviendra pour nous le pain de la vie."

L'assemblée répond:[33]

> "Béni soit Dieu, maintenant et toujours!"

Le prêtre verse le vin et un peu d'eau dans le calice[34], puis il dit:

> "Tu es béni, Seigneur, Dieu de l'univers:[35] nous avons reçu de ta bonté le vin que nous te présentons, fruit de la vigne et du travail des hommes; il deviendra pour nous le vin du Royaume éternel."

Le prêtre se lave ensuite les mains, en disant à voix basse: "Lave-moi de mes fautes, Seigneur, et purifie-moi de mon péché". Puis il dit:

> "Priez, frères et sœurs: que mon sacrifice, qui est aussi le vôtre, soit agréable à Dieu le Père tout-puissant.""[36]

L'assemblée *se lève* et répond

> "Que le Seigneur reçoive de vos mains ce sacrifice à la louange et à la gloire de son nom, pour notre bien et celui de toute l'Église."

COMMENTAIRES

- Le pain et le vin sont des signes d'unité: les grains sont pétris pour ne former qu'une seule pâte; de même les grains de raisin sont broyés et réunis en une seule boisson.

- La quête est, elle aussi, une offrande.

- Plusieurs patènes peuvent être utilisées, pour la communion des fidèles.

- L'expression "mon sacrifice" est peut-être discutable: le prêtre agit pour le Christ.

---

[31] Éventuellement à voix basse.
[32] Nouveau missel.
[33] S'il n'y a pas de chant d'offertoire pendant ce temps.
[34] En le faisant, il dit à voix basse: "Comme cette eau se mêle au vin pour le sacrement de l'Alliance, puissions-nous être unis à la divinité de Celui qui a voulu prendre notre humanité" (*nouveau missel*).
[35] Nouveau missel.
[36] La formule ancienne peut être utilisée: "Prions ensemble, au moment d'offrir le sacrifice de toute l'Église".

Prière eucharistique

1 - Oraison et préface

Le prêtre lit d'abord, après un temps de silence, la "prière sur les offrandes" prévue par la liturgie du jour, puis dit, ou chante:

> P.: "Le Seigneur soit avec vous!"
> Ass: "Et avec votre esprit!"
> P. : "Élevons notre coeur!"
> Ass.: "Nous le tournons vers le Seigneur!"
> P. : "Rendons grâce au Seigneur notre Dieu!"
> Ass.: "Cela est juste et bon!"

Suit alors la *préface*, texte lu ou chanté par le prêtre.

Il existe de nombreuses préfaces, entre lesquelles le prêtre peut choisir selon les circonstances.

Exemple - Première préface de Noël:

> Vraiment, il est juste et bon de te rendre gloire, de t'offrir notre action de grâce, toujours et en tout lieu, à toi, Père très saint, Dieu éternel et tout-puissant.
>
> Car la révélation de ta gloire s'est éclairée pour nous d'une lumière nouvelle dans le mystère du Verbe incarné: maintenant, nous connaissons en lui Dieu qui s'est rendu visible à nos yeux, et nous sommes entraînés par lui à aimer ce qui demeure invisible.
>
> C'est pourquoi, avec les anges et les archanges, avec les puissances d'en haut et tous les esprits bienheureux, nous chantons l'hymne de ta gloire et sans fin nous proclamons...

Suit le Sanctus, dit, ou de préférence chanté.

2 - Sanctus

L'assemblée dit ou chante, avec le prêtre:

> "Saint! Saint! Saint, le Seigneur, Dieu de l'univers!
> Le ciel et la terre sont remplis de ta gloire.
> Hosanna au plus haut des cieux.
> Béni soit celui qui vient au nom du Seigneur.
> Hosanna au plus haut des cieux."

Comme pour le Kyrie et le Gloria, de nombreuses variantes chantées existent.

COMMENTAIRES

- Le texte du Sanctus s'inspire, pour sa première partie, du Livre d'Isaïe *(6,1-3), repris par l'*Apocalypse *(4,8); et, pour les dernières lignes, de l'acclamation de Jésus par la foule aux Rameaux (*Matthieu *21,9):*

Isaïe: L'année de la mort du roi Ozias, je vis le Seigneur qui siégeait sur un trône très élevé; les pans de son manteau remplissaient le Temple. Des séraphins se tenaient au-dessus de lui. (...) Ils se criaient l'un à l'autre: « Saint! Saint! Saint, le Seigneur de l'univers! Toute la terre est remplie de sa gloire. »

Matthieu: Ils amenèrent l'ânesse et son petit, disposèrent sur eux leurs manteaux, et Jésus s'assit dessus. Dans la foule, la plupart étendirent leurs manteaux sur le chemin; d'autres coupaient des branches aux arbres et en jonchaient la route. Les foules qui marchaient devant Jésus et celles qui suivaient criaient: « Hosanna au fils de David! Béni soit celui qui vient au nom du Seigneur! Hosanna au plus haut des cieux! »

3 - Prière eucharistique proprement dite

Il existe dix "prières eucharistiques": quatre numérotées de 1 à 4, plus deux "pour la réconciliation", trois "pour les assemblées avec enfants", et une "pour des circonstances particulières".

Toutes comprennent la même structure générale, à savoir:
    a - Une méditation[37] initiale, plus ou moins longue
    b - L'invocation de l'Esprit Saint sur les offrandes ("épiclèse")
    c - Le récit de l'institution de l'Eucharistie ("consécration")

---

[37] Terme choisi ici, faute de mieux, pour la distinguer de la "prière" (eucharistique), qui est l'ensemble, et des "oraisons", bien spécifiques.

d - L'anamnèse (p.ex. "Il est grand le mystère de la foi!")
e - La prière d'offrande
f - Des intercessions
g - Une "doxologie"[38] finale: "Par Lui, avec Lui et en Lui..."

Le texte de certaines de ces prières varie légèrement selon les circonstances - notamment selon qu'on est en semaine ou le dimanche.

a. Méditation initiale

La prière eucharistique 1 commence par une prière pour l'Église et pour les vivants, suivie d'une longue énumération de saints et de martyrs. Le début de la prière 2 est, en semaine, extrêmement bref; le dimanche il rappelle la résurrection du Christ. La prière 3 dit notamment: "Tu donnes la vie; tu sanctifies toutes choses". La prière 4 reprend longuement l'histoire du salut.

b. Invocation de l'Esprit Saint ("épiclèse")

Le prêtre étend les mains sur le pain et le vin, pour demander que l'Esprit Saint vienne les consacrer. Le mot "épiclèse" vient du grec "epiklesis" (epikaleo, "appeler sur").

Pour les orthodoxes, la consécration des espèces est effective dès cet instant[39].

c. Récit de l'institution: consécration

Le prêtre dit alors la phrase consécratoire, un peu différente d'une prière eucharistique à l'autre:

> "La veille de sa passion... (ou "au moment d'être livré..." etc.), il prit le pain, rendit grâce, le rompit et le donna à ses disciples en disant: "Prenez et mangez, car ceci est mon corps, livré pour vous".

---

[38] Voir lexique en fin de livre.
[39] "Dieu est vivant", Catéchèse orthodoxe, p.326.

Et de même: "Il prit la coupe et la donna à ses disciples en disant: "Prenez et buvez en tous, car ceci est la coupe de mon sang, qui sera versé pour vous et pour la multitude en rémission des péchés."
"Vous ferez cela en mémoire de moi."

Chacune des deux parties de ce récit est suivi d'une génuflexion du prêtre et de l'élévation - du corps du Christ, puis du sang du Christ. Un servant d'autel fait à ce moment sonner une clochette.

Suivant les prêtres, cette élévation peut être un moment très beau: élévation lente, très haute, durant assez longtemps.

Éventuellement, le prêtre accompagne l'élévation d'un chant, par exemple:

"Corps du Christ, livré pour nous!"

puis de même

"Sang du Christ, versé pour nous!"

COMMENTAIRE
- Le prêtre ne rompt pas l'hostie à ce moment: la fraction du pain aura lieu au moment de sa distribution à l'assemblée, partie majeure de la messe.

d. Anamnèse

Après l'élévation, le prêtre, ou éventuellement un chanteur, invite l'assemblée à "faire mémoire" du Christ en affirmant sa foi.

Le prêtre choisit l'une des quatre formulations suivantes (suivies des réponses de l'assemblée): (MODIFIÉ)

1 - "*Il est grand le mystère de la foi!* "

L'assemblée répond :

" Nous annonçons ta mort, Seigneur Jésus! Nous proclamons ta résurrection ! Nous attendons ta venue dans la gloire! "

2 - "*Acclamons le mystère de la foi!*"

>   **Ass:** " Quand nous mangeons ce pain et buvons à cette coupe, nous annonçons ta mort, Seigneur ressuscité, et nous attendons que tu viennes."
>
> 3 - *"Qu'il soit loué, le mystère de la foi!"*
>   **Ass:** " Sauveur du monde, sauve-nous! Par ta croix et ta résurrection, tu nous as libérés."
>
> 4 - *"Proclamons le mystère de la foi!*
>   **Ass:** " Gloire à toi qui étais mort, gloire à toi qui es vivant, notre sauveur et notre Dieu: Viens, Seigneur Jésus!

Mais il est possible aussi d'utiliser un chant (voir toutefois le commentaire ci-dessous).

COMMENTAIRE
- Saint Paul précise (1 Co 11): *"Chaque fois que vous mangez ce pain et buvez à cette coupe, vous annoncez la mort du Seigneur jusqu'à ce qu'il vienne"*, ce qui est à la fois un ordre et une promesse.
- Les formulations officielles figurant ci-dessus font toutes référence à la venue future du Christ, qui est mentionnée dans les récits d'institution de l'Eucharistie du Nouveau Testament. Il n'est donc pas approprié d'utiliser, à la place de ces formulations, un chant qui n'en fasse pas mention (Ex: *"Souviens-toi de Jésus-Christ"*).

e. Prière d'offrande

La "Présentation Générale du Missel Romain" écrit: *"L'Église veut que les fidèles non seulement offrent cette victime sans tache, mais encore qu'ils apprennent à s'offrir eux-mêmes et soient parfaitement réunis (...) par la médiation du Christ (...), pour qu'à la fin Dieu soit tout en tous."*[40]

Nous nous présentons nous-mêmes au Père :

> *"Regarde avec amour, Père très bon, ceux que tu attires vers toi (...): qu'ils deviennent ensemble, par la force de*

---

[40] PGMR paragr. 79

l'Esprit, le corps de ton fils ressuscité en qui sont abolies toutes les divisions." (Première prière eucharistique pour la réconciliation).

"Que l'Esprit Saint fasse de nous une éternelle offrande à ta gloire" (Prière 3).

f. Intercessions

L'Église prie ici pour elle-même et pour tous les hommes:

"Affermis la foi et la charité de ton Église" et "Ramène à toi (...) tous tes enfants dispersés".

On prie aussi, à ce moment, pour les défunts, et on mentionne également, si cela n'a pas été fait auparavant, des vivants pour lesquels on souhaite prier spécialement.

g. Doxologie

Le prêtre élève, ensemble, l'hostie et le calice, avec l'affirmation solennelle concernant le Christ:

"Par Lui, avec Lui et en Lui, à Toi, Dieu le Père tout-puissant, dans l'unité du Saint-Esprit, tout honneur et toute gloire, pour les siècles des siècles!"

Et l'assemblée répond: "Amen!"[41]

"Doxologie" signifie "parole de gloire": formule célébrant la gloire de Dieu.

Les "rites de communion"

1- Le "Notre Père

Le prêtre s'adresse à l'assemblée en disant:

"Unis dans le même Esprit, nous pouvons dire avec confiance la prière que nous avons reçue du Sauveur:"

---

[41] Cette conclusion de la consécration est parfois appelée "petite élévation".

ou bien par exemple:

"Comme nous l'avons appris du Sauveur, et selon son commandement, nous osons dire:"

Et, avec le prêtre, toute l'assemblée dit alors:

"Notre Père qui es aux cieux,
que ton nom soit sanctifié,
que ton règne vienne
que ta volonté soit faite
sur la terre comme au ciel.
Donne-nous aujourd'hui notre pain de ce jour.
Pardonne-nous nos offenses
comme nous pardonnons aussi
à ceux qui nous ont offensés,
et ne nous laisse pas entrer en tentation,
mais délivre-nous du mal."

Le prêtre poursuit: (MODIFIÉ)

"Délivre-nous de tout mal, Seigneur, et donne la paix à notre temps; soutenus par ta miséricorde, nous serons libérés de tout péché, à l'abri de toute épreuve, nous qui attendons que se réalise cette bienheureuse espérance: l'avènement de Jésus-Christ notre Sauveur."

L'assemblée conclut avec le prêtre:

"Car c'est à toi qu'appartiennent
le règne la puissance et la gloire,
Pour les siècles des siècles,
Amen."

COMMENTAIRE

- Le texte du Notre Père est tiré de l'Évangile de Matthieu au chapitre 6; une version voisine figure dans l'évangile de Luc. La traduction pour la messe, ci-dessus, diffère de la traduction utilisée pour les lectures liturgiques, qui parle de "dettes" qui nous sont "remises", et de "débiteurs".

- L'expression nouvelle "ne nous laisse pas entrer en tentation" veut dire: "Aide-nous à ne pas y consentir". Il serait plus clair de dire par exemple: "Ne nous laisse pas succomber à la tentation" - qui était la formule utilisée à l'époque du vouvoiement (voir travaux du Père Carmignac).[42]

2. Rite de la paix

Le prêtre dit:

> "Seigneur Jésus-Christ, tu as dit à tes apôtres: «Je vous laisse la paix, je vous donne la paix», ne regarde pas nos péchés, mais la foi de ton Église; pour que ta volonté s'accomplisse, donne-lui toujours cette paix et conduis-la vers l'unité parfaite, toi qui règne pour les siècles des siècles. Amen.

Le prêtre - ou le diacre - s'adresse éventuellement à l'assemblée:

> "Dans la charité du Christ, donnez-vous la paix!"

Chacun se tourne dans ce cas vers ses voisins, et échange avec eux un geste de paix.

3. Fraction du pain

Le geste de la fraction du pain passe souvent inaperçu, comme si c'était un simple détail préparant la distribution des hosties. En réalité jusqu'alors la grande hostie qui a été consacrée un peu auparavant est restée intacte, et c'est maintenant que le prêtre va la couper en deux ou davantage.

Chez les premiers chrétiens, la "fraction du pain" était le nom de l'actuelle "messe".

Certains morceaux de la grande hostie seront ensuite, le plus souvent, donnés lors de la communion à des fidèles.

---

[42] Pascal Desthieux ("La Messe...") arrive exactement à la même conclusion.

Le prêtre met une petite fraction de la grande hostie dans le calice - *geste signifiant la réunification du corps et du sang de Jésus ressuscité* - en disant à voix basse:

"Que le corps et le sang de notre Seigneur Jésus-Christ, réunis dans cette coupe, nourrissent en nous la vie éternelle."

4. "Agneau de Dieu"

L'agneau de Dieu ("*Agnus Dei*" en latin), qui est en général chanté, débute au moment de la fraction du pain:

> "Agneau de Dieu, qui enlèves les péchés du monde, (MODIFIÉ)
> Prends pitié de nous! (bis)
> "Agneau de Dieu, qui enlèves les péchés du monde,
> Donne-nous la paix!"

Il en existe de nombreuses variantes chantées.

Les juifs mangeaient un agneau lors de la fête de Pessah, commémorant la sortie d'Egypte avec Moïse.

Jésus est le nouvel agneau pascal, qui nous a libérés une fois pour toutes de la mort et du péché; il a choisi le pain et le vin pour que nous célébrions, d'une façon qui nous transforme, la vie nouvelle qu'il nous donne.

5. Communion

Le prêtre montre aux fidèles l'hostie et le calice, en disant: (MODIFIÉ)

> "Voici l'Agneau de Dieu, voici celui qui enlève les péchés du monde. Heureux les invités au repas des noces de l'Agneau!

L'assemblée répond:

> "Seigneur, je ne suis pas digne de te recevoir,
> mais dis seulement une parole et je serai guéri."

COMMENTAIRES

- Les "noces de l'agneau" (Ap 19,7) symbolisent l'union de Dieu, en la personne de Jésus, avec les hommes. La Communion est le symbole de cette union.
- La phrase de l'assemblée est calquée sur la phrase adressée à Jésus par un centurion en Mt 8,8: "Je ne suis pas digne que tu entres sous mon toit, mais dis seulement une parole et mon enfant sera guéri".
- Sommes nous "indignes", et serons-nous "guéris" par la réception de la communion? Il est clair que nous sommes pécheurs, bien petits face à Jésus qui veut que nous l'accueillions. Serons-nous "guéris"? Nous serons guidés dans notre chemin vers plus d'amour.

Puis le prêtre communie en premier. Il consomme une partie de la grande hostie, et boit tout ou partie du calice.

Lui-même ou un diacre s'approche ensuite des fidèles et donne à chacun une hostie, ou une fraction de la grande hostie, en disant:

- "Le corps du Christ."

et l'on répond: "Amen!" avant de recevoir l'hostie, dans la main ouverte ou dans sa bouche.

La communion des fidèles "sous les deux espèces", à savoir au corps et au sang du Christ, est également possible, et est même recommandée[43]. Il appartient aux évêques et aux prêtres de définir les cas où cela est réalisable en pratique.

Elle peut se faire ausi bien par intinction[44] qu'en buvant au Calice.

6. Temps après la communion

Un temps de silence est bienvenu après la communion, pour que chacun puisse vivre un "coeur à coeur" avec son Seigneur.

Le prêtre lit l'antienne de communion.

Un chant d'action de grâces est également possible.

---

[43] PGMR 85 et 281 et suivants.
[44] Voir page 119

7. Prière après la communion

Après que la patène et le calice aient été purifiés et placés sur la crédence, et que le ciboire avec les hosties restantes ait été mis dans le taberbacle, le prêtre appelle éventuellement les personnes qui porteront la communion à des malades pour leur remettre les custodes (qui ont été déposées sur l'autel avant la consécration).

Puis, après un temps de silence, il dit la dernière oraison, soit depuis l'autel, soit en retournant au siège de présidence.

COMMENTAIRES

- Il est souhaitable que les personnes qui viennent chercher les custodes pour les porter à des malades ne soient pas trop loin dans l'assemblée, pour s'avancer facilement quand on les appelle.

Rites de conclusion

Salutation et bénédiction

Les annonces paroissiales se font à ce moment: réunions, rencontres, messes, confessions, etc. Ce qui est prévu dans la ou les semaines à venir.

Le prêtre dit ensuite:

> P.: "Le Seigneur soit avec vous!"
> Ass: "Et avec votre esprit!"
> P.: "Que Dieu tout puissant vous bénisse, le Père, le Fils et le Saint-Esprit"
> Ass: "Nous rendons grâce à Dieu!"

Dans certaines circonstances - grandes fêtes, dimanches de l'Avent, etc. - une bénédiction solennelle a lieu, composée d'abord de trois affirmations auxquelles l'assemblée répond: "Amen!"

Exemple (Avent):

>P.: "Vous croyez que le Fils de Dieu est venu dans ce monde, et vous attendez le jour où il viendra de nouveau. A la clarté de cette lumière qui lève, que Dieu son Père vous guide en toutes vos démarches et qu'il multiplie sur vous ses bénédictions."
>Ass: "Amen!"
>P.: "Qu'il rende ferme votre foi, joyeuse votre espérance, et constante votre charité."
>Ass: "Amen!"
>P.: "La venue du Rédempteur pauvre parmi les pauvres est déjà pour vous une grande joie; quand il apparaîtra dans toute sa gloire, qu'il vous ouvre le bonheur sans fin."
>Ass: "Amen!"
>P.: "Et que Dieu tout-puissant vous bénisse,
>le Père, le Fils et le Saint-Esprit!"
>Ass: "Amen!"

Le prêtre ou un diacre conclut par l'une des formules suivantes:

>P.: "Allez dans la paix du Christ!"

ou bien:

>>"Allez porter l'Évangile du Seigneur!"
>>" Allez en paix, glorifiez le Seigneur par votre vie!"
>>" Allez en paix! "

>Ass: "Nous rendons grâce à Dieu!"

Un chant "d'envoi" termine éventuellement la cérémonie, tandis que les prêtres quittent l'autel.

COMMENTAIRE

- L'ancienne appellation latine "Ite, missa est", c'est à dire "Allez, c'est l'envoi!" évoquait l'évangile de Saint Matthieu: "Allez! De toutes les nations faites des disciples!" (Mt 28,19) Ne serait-il pas bon de trouver des idées pour que la fin de la messe constitue à nouveau un tel envoi?

———

GESTES ET OBJETS LITURGIQUES

Les gestes à la messe

Gestes et déplacements du prêtre

Au cours de la messe, le prêtre se déplace et fait différents gestes[45].

En arrivant, après la procession d'entrée, il *s'incline* profondément devant l'autel, puis *l'embrasse*; il fera de même à la fin de la cérémonie. L'autel symbolise en effet à la fois la table de la dernière Cène, la pierre du sacrifice, et le banquet éternel. Dans les célébrations solennelles, le prêtre l'encense.

Puis, selon la disposition des lieux, il reste auprès de l'autel ou gagne son siège (sans s'asseoir).

Il fait alors *le signe de croix*, puis, *bras écartés*, salue l'assemblée ("Le Seigneur soit avec vous" ou une autre des formules proposées).

Lors de la préparation pénitentielle[46], le prêtre conclut, *les bras écartés*: "Que Dieu tout-puissant..."; ensuite, après éventuellement le Gloria, il *joint les mains* - "Prions!" - puis *étend les bras* pour dire la "collecte".

Toute l'assemblée s'assied pour la ou les lectures et le psaume.

Le prêtre ou le diacre se rend ensuite à l'ambon; en passant devant l'autel il s'incline, et fera de même à chaque fois. Il proclame l'évangile puis élève le lectionnaire et *l'embrasse*. Il peut y avoir *encensement*.

Après l'évangile, l'homélie est faite, à partir de l'ambon ou directement face aux fidèles, *debout*.

---

[45] Certains de ces gestes ont été mentionnés dans la présentation du déroulement de la messe, mais il peut être intéressant de centrer l'attention spécifiquement sur eux.
[46] Ci-dessus, page 26.

Puis le prêtre qui préside, *debout à son siège*, débute le Credo s'il y a lieu, et la prière universelle.

Après la prière universelle *il se rend à l'autel* pour la préparation des dons, sauf si un diacre ou un autre prêtre s'en charge.

La préparation des dons comprend la *bénédiction* de l'eau qui va être versée dans le calice.

Puis le prêtre *élève légèrement*, l'un après l'autre, la patène et le calice, pour l'offertoire.

Il se lave ensuite les mains.

Au début de l'offertoire, le prêtre dit, *bras écartés*, "Le Seigneur soit avec vous!"

Après le Sanctus, le prêtre, de même *bras écartés*, commence la prière eucharistique. Puis *il étend les mains* sur le pain et le vin (épiclèse).

Se penchant ensuite en avant il prononce sur le pain, puis sur le vin, les paroles de la consécration. Après chacune des deux parties de cette consécration il *fait une génuflexion* puis, s'étant relevé, il *élève l'hostie* (puis de même *le calice*) pour les présenter à l'adoration des fidèles. Il fait ensuite une *nouvelle génuflexion*.

Après le Notre Père et l'Agnus Dei, le prêtre fait une génuflexion puis *présente ensemble l'hostie et le calice* aux fidèles. Il *communie* ensuite, puis éventuellement *donne la communion* aux personnes qui vont la donner avec lui à l'assemblée.

Il s'avance ensuite pour donner la communion.

Après la communion et la purification de la patène et du calice, le prêtre dit la dernière oraison et *s'assied* pendant les annonces. Il *se relève* ensuite pour la bénédiction finale.

Avant de quitter le choeur il *s'incline* devant l'autel (après l'avoir éventuellement *embrassé*).

———

Gestes des fidèles

En entrant dans l'église, beaucoup de fidèles trempent le bout de leurs doigts dans le bénitier, et tracent sur eux le signe de la croix.

Ensuite, s'ils passent devant le tabernacle ou l'autel, ils s'inclinent, ou font une génuflexion. Arrivés à leur place, certains s'agenouillent ou restent debout pour prier; d'autres s'assoient.

Lorsque la messe commence (procession d'entrée), l'assemblée se lève. Lorsque le prêtre ouvre la célébration, l'assemblée se signe en même temps que lui.

Puis, si la préparation pénitentielle choisie est le "Je confesse à Dieu", on se frappe éventuellement la poitrine quand on dit "Oui, j'ai vraiment péché".

On s'assied pour les lectures et pour le psaume. Puis on se lève pour l'évangile.

On s'assied pour écouter l'homélie; puis on se lève - dimanche et solemnités - si on récite ou chante la profession de foi.

On s'assied ensuite pour l'offertoire; toutefois, si un encensement a lieu pendant l'offertoire, on se lève au moment où le diacre encense l'assemblée, et on se rassied ensuite.

A la fin de l'offertoire, on se lève lorsque le prêtre y invite l'assemblée: "Prions ensemble au moment d'offrir le sacrifice de toute l'Église!"

Lorsque le prêtre étend les mains sur le pain et le vin (épiclèse) beaucoup de fidèles s'agenouillent, et resteront ainsi jusqu'à la "doxologie" finale ("Par Lui, avec Lui et en Lui..."). On regarde l'hostie et le calice lorsque le prêtre les élève.

Pour le Notre Père, qui suit, on se lève si on s'est mis à genoux, et on donne éventuellement la main à ses voisins, notamment si le prêtre y invite l'assemblée.

Si le prêtre ou le diacre a invité à ce qu'on se donne la paix, on se tourne vers ses voisins immédiats pour leur donner la paix.

Pour la procession de communion, les règles ou habitudes diffèrent d'une paroisse à l'autre. Assez souvent des servants d'autel se placent au fond de l'allée centrale pour débuter la procession; les fidèles se placent derrière eux, et regagnent ensuite leur place par les allées latérales.

On peut - dans la plupart des communautés - recevoir l'hostie dans la main ou dans la bouche. La règle générale est de s'avancer debout face au prêtre, mais certaines personnes choisissent de faire une génuflexion préalable.

Dans certains cas, la communion "sous les deux espèces", au corps *et au sang* du Christ est proposée. Elle peut se pratiquer par *intinction* (l'hostie est trempée légèrement dans le calice), ou en buvant directement au calice.

Après la communion, chacun se recueille dans l'attitude qu'il veut: assis, debout, ou à genoux.

On se lève pour la prière après la communion, avant de se rasseoir pour les annonces. On se lève enfin pour la bénédiction finale et la sortie du prêtre.

———

Aspersion, encensements

L'aspersion avec de l'eau bénite est un des rites possibles au début de la messe, à la place des différentes formules de préparation pénitentielle (ci-dessus pp. 26-27).

Accompagné par un servant tenant le seau d'eau bénite, le prêtre asperge les fidèles avec un goupillon ou un bouquet de feuilles, en parcourant l'assemblée.

L'encensement, préparé par la mise de l'encens dans l'encensoir rempli de charbons brûlants, peut avoir lieu au début de la messe, à l'acclamation de l'évangile, à l'offertoire et à la consécration.

Le prêtre encense lui-même l'autel et le livre de la Parole. A l'offertoire il encense les offrandes, après quoi le diacre ou un servant d'autel encense le prêtre et les fidèles.

———

Le service de l'autel

Un ou plusieurs servants d'autel, ou un membre de l'assemblée, peuvent éventuellement assister le prêtre ou l'accompagner à certains moments. Ils portent éventuellement une aube.

Si une procession d'entrée a lieu à partir du bas de l'allée centrale, le prêtre peut être précédé d'un ou plusieurs servants d'autel portant une croix et des cierges.

S'il y a encensement ou bénédiction, un servant d'autel accompagne le diacre ou le célébrant.

Lors de la proclamation de l'évangile, un ou deux servants d'autel, portant des cierges, peuvent accompagner le prêtre ou le diacre, en restant ensuite de part et d'autre de l'ambon pendant la proclamation.

Lors de l'offertoire, s'il n'y a qu'un seul prêtre et pas de servants d'autel, un membre de l'assemblée peut s'avancer et prendre, sur la crédence, d'abord le corporal (linge sur lequel on posera le calice et la patène), puis les hosties et le calice, et les remettre au prêtre. Ensuite il lui remettra aussi la burette contenant le vin, puis celle contenant l'eau, ainsi que le purificatoire, linge destiné à essuyer le calice.

Enfin, pour le lavement des mains du prêtre, il versera un peu d'eau sur ses mains, puis lui présentera le manuterge.

Après le sanctus, les servants d'autel prennent souvent place à genoux, face à l'autel; ils accompagnent en général les élévations par la sonnerie de clochettes ou d'un gong.

Pour la communion, un servant d'autel accompagne éventuellement le prêtre avec un cierge.

A la fin de la messe, les servants d'autel s'inclinent avec le prêtre, et précèdent celui-ci jusqu'à sa sortie.

———

Lectionnaires et missel

Selon les églises et les circonstances, différents livres peuvent être utilisés pour la messe. *Il ne s'agit pas ici des livres utilisés par les participants à l'assemblée,* mais de ceux qui sont utilisés pour la célébration de la messe.

- "*L'évangéliaire*" est un livre destiné à la proclamation de l'évangile. Il est utilisé dans la cathédrale lors des messes présidées par l'évêque, ainsi que dans certaines paroisses ou certaines circonstances.
Il est apporté solennellement lors de la procession d'entrée, et placé sur l'autel, avant d'être transporté vers l'ambon au moment de la lecture de l'évangile.

- Dans la plupart des cas, les paroisses n'utilisent pas l'évangéliaire, mais un "*lectionnaire*". Il en existe en fait trois: l'un pour les lectures des dimanches et solennités, l'autre pour les jours de semaine, et le troisième pour les fêtes des saints, la célébration des sacrements et autres circonstances de la vie de l'église.
Il est en général placé sur l'ambon avant le début de la messe, mais il peut dans certains cas être apporté en procession.

Par ailleurs le prêtre utilise, pour lire les prières de la messe, un missel spécifique - qui ne comprend pas les textes des lectures.

———

Objets liturgiques

Les vêtements liturgiques du prêtre ont été présentés au début de ce livre (Voir page 20, "La messe, comment?).

Les principaux objets utilisés pendant l'eucharistie ont été énumérés à propos du service de l'autel page 59.

Le Lectionnaire, l'évangéliaire et le missel ont été présentés à la page précédente.

L'autel est recouvert d'une *nappe*. Sur l'autel ou à côté de lui on trouve un *crucifix*, et deux *cierges* (chandeliers), que l'on allume avant le début de la messe.

Des cierges servent également pour certaines processions, d'entrée ou autres.

Pour l'aspersion des fidèles, effectuée à certaines messes (voir page 58), on utilise un *bénitier*[47] et un *goupillon*.

Pour les encensements, l'encens est placé dans un petit récipient appelé *navette*, et ajouté dans l'*encensoir* lorsque nécessaire.

Pour l'adoration du Saint Sacrement, une hostie de grande taille est placée dans un *ostensoir*.

Des fleurs sont très souhaitables pour compléter la décoration de l'autel. La décoration florale doit être discrète et disposée autour de l'autel plutôt que sur la table; elle ne doit pas non plus gêner les déplacements.

---

[47] Il s'agit d'un bénitier léger et mobile, évidemment; bien différent des bénitiers situés aux entrées des églises.

L'ESPACE LITURGIQUE

"La liturgie a cette caractéristique d'être l'Art des arts. Pour la louange de Dieu vivant et présent, elle fédère différentes formes artistiques possibles: la musique et le chant bien sûr, mais aussi la sculpture, l'art floral, l'art pictural (...), la danse..." [48]

L'espace liturgique, c'est d'abord l'église, dans sa totalité.

Au sein de l'église il y a une zone, qu'on appelle le choeur ou parfois le sanctuaire, avec *l'autel* et *l'ambon* (pupitre pour la lecture de la Parole), où se déroule l'essentiel de l'action liturgique. Ce n'est pas le "choeur" des anciennes églises: on a maintenant déplacé cette zone assez près du transept, plus près de la zone principale (la "nef") où se trouve l'essentiel des fidèles.

Ce choeur est normalement un peu surélevé, de la hauteur d'une ou plusieurs petites marches. Il comprend, outre l'autel et l'ambon, le *siège de présidence* du célébrant principal (ainsi qu'éventuellement des sièges pour quelques concélébrants ou servants d'autel), mais aussi le *pupitre* à partir duquel sont animés les chants, qui doit normalement être un peu en retrait; il n'a pas la même importance liturgique. Il ne doit pas être semblable à l'ambon, mais plus discret; il est souvent mobile.

Un troisième élément important existe également dans toutes les églises: ce sont les fonts baptismaux; dans certaines églises on les a placés près de l'autel[49].

Le *cierge pascal* est placé près de l'ambon pendant le temps pascal, et ensuite près des fonts baptismaux.

A côté des portes d'entrée des églises, on trouve des *bénitiers*, qui contiennent normalement de l'eau bénite, permettant aux personnes qui entrent de tracer sur elles le signe de croix.

---

[48] http://saint-helier.net/ voir page 128.
[49] Ainsi à la cathédrale d'Evry, ou à Notre Dame des Champs, Paris 14°.

D'autre part un *tabernacle*, contenant quelques hosties déjà consacrées et signalé par une lampe rouge, se trouve dans un endroit distinct; souvent en fait non loin de l'autel principal, mais pas sur l'autel.

Le visiteur d'une église un peu ancienne y remarquera aussi les confessionnaux, qui parfois maintenant ne sont plus utilisés, étant remplacés par un entretien en face à face, par exemple à la sacristie, entre le prêtre et le pénitent.

Sur les murs, il y a habituellement les 14 stations du Chemin de croix.

Des bancs ou des chaises accueillent les membres de l'assemblée; il y a parfois des prie-Dieu, ou bien, associés aux bancs, une sorte de planche basse où l'on peut s'agenouiller[50].

Enfin et peut-être surtout, du point de vue visuel, il y a la lumière, éventuellement les vitraux, l'architecture d'ensemble, les piliers, le sol. Et puis les statues, en général de saints, avec souvent des porte cierges devant eux et des cierges qui brûlent. Des tableaux; des pierres tombales ou autres aides-mémoire.

Ensuite il y a le son... La façon dont l'église, vide, résonne; ou la façon dont quelquefois il y a un silence profond malgré la présence de l'assemblée, unie dans la prière... Ou l'orgue qui joue; ou un choeur qui répète, dans les stalles. La qualité de la sonorisation... Les cloches !

Et il y a les odeurs: des cierges, de l'encens; des fleurs; des pierres.

Et... le goût: Paul De Clerck[51], qui insiste sur l'importance dans la liturgie des diverses perceptions des sens, écrit: "*La liturgie ne fait guère appel au goût; raison de plus pour mettre fin à l'usage des petites hosties blanches, si fines qu'elles n'évoquent aucunement le pain et n'ont aucun goût.*" De même que le vin garde son goût, il serait bon que l'hostie ait un vrai goût de pain sans levain.

L'aménagement de l'espace, lorsqu'il est possible, cherche à aider le croyant à vivre la liturgie par tout son corps.

---

[50] Dans certaines églises récentes la disposition a été mal calculée, et il est impossible aux fidèles d'utiliser ces "agenouilloirs", faute d'espace suffisant pour la jambe ou pour la chaussure...
[51] "L'intelligence de la liturgie" p.61.

LA PAROLE DE DIEU A LA MESSE[52]

"Plus qu'une lecture qui nous parle de Dieu, c'est une lecture dans laquelle Dieu nous parle." (André Louf)

Trois extraits de la Bible sont lus aux messes de semaine - en comptant le psaume, et quatre le dimanche. Plus que de lectures, il s'agit de **proclamations**: c'est Dieu qui nous parle.

La lecture de la Bible à la messe *le dimanche* est répartie sur trois années. En dehors des temps liturgiques particuliers que sont l'Avent, le Carême et le temps pascal, ainsi que des fêtes et solennités, une partie importante des évangiles des dimanches sont tirés de Saint Mathieu les années A, de Saint Marc les années B, et de Saint Luc les années C, suivis en lecture à peu près continue.

L'évangile de Jean est lu principalement pendant le Carême et le temps de Pâques, ainsi qu'à quelques dimanches du temps ordinaire.

La première lecture du dimanche est choisie *en liaison avec l'évangile;* dans le temps ordinaire elle est tirée de l'Ancien Testament. La deuxième lecture du dimanche est une lecture continue de textes du Nouveau Testament (épîtres de Paul pour l'essentiel).

Les lectures de *semaine* sont réparties sur deux années, "paire" et "impaire", sauf en ce qui concerne les temps particuliers et les fêtes.

---

[52] Voir aussi p. 83 "Proclamer la Parole".

Les évangiles lus sont les mêmes les deux années: l'évangile de Marc les 9 premières semaines du temps ordinaire (qui débute en janvier), puis l'évangile de Matthieu jusqu'à la 21° semaine, et l'évangile de Luc jusqu'à la 34° semaine.

La lecture (unique) est un parcours suivi, pendant plusieurs jours voire plusieurs semaines, d'un des livres de la Bible. On parcourt ainsi, en deux ans, de très nombreux livres, tant de l'ancien que du Nouveau Testament.

En ce qui concerne le *psaume* (extrait de psaume en fait, en général), il est choisi en liaison avec la première lecture.

Voir aussi le chapitre "Temps liturgiques" ci-après.

———

TEMPS LITURGIQUES, FÊTES ET SOLENNITÉS

L'année liturgique commence fin novembre ou début décembre, avec les quatre dimanches de l'Avent qui préparent Noël. Le calendrier liturgique est réparti sur 3 années successives, appelées A, B et C. Fin novembre 2021 débute une année C.

Chaque année est structurée autour de périodes fortes ("temps"), l'Avent, le Carême, le temps pascal jusqu'à la Pentecôte, et aussi de fêtes ou de "solennités", telles que l'Épiphanie, l'Assomption de la Vierge Marie, la Toussaint.

En semaine, des fêtes et des "mémoires" de saints existent tout au long de l'année, avec divers degrés d'importance liturgique: il y a par exemple la *solennité* de Saint Jean-Baptiste le 24 juin, la *fête* de Saint Jacques le 25 juillet, la *mémoire* "obligatoire" de Sainte Thérèse de Lisieux le 1° octobre, et la mémoire facultative de Saint Bruno le 6 octobre.

Le **Gloria** est récité ou chanté tous les dimanches, sauf pendant l'Avent et le Carême. En semaine il est de même chanté pour les solennités et pour les fêtes.

L'**Alleluia** qui précède la lecture de l'évangile est remplacé par une autre acclamation pendant le Carême.

Le **Credo** est récité tous les dimanches, et en semaine pour les solennités.

En semaine il y a deux lectures pour les solennités, une seule dans les autres cas. Les solennités et les fêtes ont des lectures qui leur sont propres.

La couleur des ornements (du prêtre et de l'ambon) varie selon le temps liturgique et la fête ou mémoire du jour, ou encore selon les sacrements célébrés.

Les ornements verts sont utilisés pour le temps "ordinaire"; la couleur violette pour le temps de l'Avent et celui du Carême, ainsi qu'habituellement pour les enterrements; le blanc à Noël, à Pâques, pour un certain nombre de mémoires, fêtes ou solennités, ainsi que pour les mariages et les baptêmes en dehors de la messe. Le rouge est utilisé pendant la semaine sainte, pour la Pentecôte et certaines autres solennités, ainsi que pour les fêtes ou mémoires des apôtres, des évangélistes et des martyrs.

Une liste de cas particuliers figure en annexe, page 109.

———

VIVRE LA MESSE

Le prêtre

Pas de messe sans prêtre[53]...

Le prêtre n'est pas un surhomme. Il a été ordonné par l'évêque pour consacrer sa vie à servir l'Église. Il a souvent de grandes qualités; et, comme tout homme, il a ses limites.

Avant le début de la messe, il se prépare, et il ne convient pas de s'adresser à lui à ce moment, excepté naturellement s'il prend l'initiative.

Après la messe, sauf s'il a comme c'est fréquent une autre messe à célébrer ailleurs, on peut par contre en général parler avec lui.

Ses heures de permanence permettent de le rencontrer de façon plus approfondie; ou de se confesser.

En participant à l'une ou l'autre des diverses activités paroissiales, liées à la messe ou non, ce qui est une des façons souhaitables d'approfondir sa vie chrétienne, on pourra non seulement rencontrer le prêtre et d'autres chrétiens, mais aussi contribuer au dynamisme de l'Église.

———

[53] Voir page 95 les "Assemblées du dimanche en l'absence de prêtre".

Recevoir la communion

Au moment de la communion, il est possible de s'avancer même si on n'est pas baptisé, ou si pour une raison grave on pense ne pas être en situation de recevoir l'eucharistie: il suffit dans ce cas de croiser les bras sur la poitrine, et la personne qui donne la communion étendra la main pour vous bénir, en prononçant éventuellement une phrase telle que: "Que le Seigneur vous bénisse et vous garde!".

La communion est en général donnée - que ce soit par le prêtre ou par un laïc - sous la forme de l'hostie seulement: une petite hostie, ou une fraction de la grande hostie. La façon la plus habituelle de la recevoir, en France, est de rester debout, de tendre sa main gauche à plat, avec la main droite en dessous[54]. La personne qui donne la communion vous présente l'hostie en l'élevant et en disant: "Le Corps du Christ!" et l'on répond "Amen!"; puis on reçoit l'hostie dans la main gauche, et avec la main droite on la prend et on la porte dans sa bouche.

Dans certains cas la communion est proposée au corps et au sang du Christ et, suivant les lieux ou les usages locaux, on trempe - si on le veut - l'hostie légèrement dans le calice ("intinction").

La procession pour venir communier est un moment qui doit avoir une certaine solennité: c'est une procession vers le Seigneur. La communion est à la fois un acte individuel et un acte collectif.

———

[54] Cette façon de recevoir la communion était déjà pratiquée au 4° siècle - Saint Cyrille de Jérusalem, et sans doute bien avant.

La communauté qui est Église

La messe n'est qu'un moment de la vie paroissiale; moment le plus important certes, mais qui prendra pleinement son sens si la communauté est dynamique, voire missionnaire.

La paroisse est une cellule de l'Église: comme le fait l'Église, et au nom de l'Église, elle célèbre les sacrements mais aussi annonce l'évangile à tous les hommes et témoigne de l'amour de Dieu, par son action et par son attitude.

Les autres activités de la paroisse ne sont pas indépendantes de la messe, et de l'union de tous les paroissiens dans une attitude fraternelle.

Si la communauté est priante, à la messe - par la messe - mais aussi de façon plus générale, elle développera des initiatives avec ses membres, pour ses membres (ex.: groupe biblique), mais aussi pour la population locale, en lien avec elle.

On ne dira peut-être pas de vous, comme aux premiers chrétiens, "Voyez comme ils s'aiment"; mais au lieu d'apparaître comme un groupe bizarre, arriéré, les chrétiens apparaîtront comme des partenaires responsables, agréables.

———

Prier à la messe

Je tiens mon âme, égale et silencieuse.
Mon âme est en moi comme un enfant;
comme un petit enfant contre sa mère
Psaume 130 (131)

La messe est une prière collective; mais elle est aussi, pour chacun, une prière personnelle, qui pourra être d'autant plus profonde que le cadre - la prière collective - y conduira.

Les rites, les gestes, les mélodies, le silence, sont la base de ce cadre. Il s'agit de "tout un climat spirituel, une ambiance de mystère et de réalité à la fois, où Dieu parle au coeur et où l'homme devient tout entier réponse"[55].

Rentrer en soi-même

Il s'agit d'abord d'être soi-même. Que l'on soit debout, à genoux ou assis, peu importe.

Que l'on ferme les yeux ou pas, peu importe; il s'agit de moi, et de Dieu, et donc il ne faut pas être trop dérangé par les autres.

De constater comment on est, là, présent.

Accepter ses pensées

Nos pensées vagabondent, et c'est normal. On peut les offrir, par une très brève pensée, à Dieu.

Accepter d'être là.

---

[55] André Louf, dans Wright, p.125.

Et puis, à un moment ou à un autre, nous sentirons peut-être qu'un certain fil spirituel se développe en nous: que nous n'avons plus envie de le quitter; que nous sommes dans une sorte de recul intérieur.

Adieu les dérangements

Nous n'avons plus envie que les autres nous dérangent. Et nous ne les dérangeons plus non plus. Nous sommes entrés dans la prière: c'est à dire que nous pensons; mais en sachant que Dieu est là.

Prier avec l'assemblée

La participation à la messe est un élan collectif, un témoignage collectif de foi; un chant collectif. Nous affirmons notre foi; nous recevons la Parole.

Nous rendons grâce.

———

Marie et les Saints

Marie, mère de Jésus, qui est aussi notre mère (cf. Jn 19,27), est mentionnée à plusieurs reprises pendant la messe: dans le "Je confesse à Dieu", dans le Credo, dans le Canon.

D'autre part à l'occasion des fêtes de Marie, les oraisons mentionnent bien entendu son nom.

Il en va de même pour les saints lors de leurs fêtes prévues par le calendrier liturgique.

Les églises (bâtiment) ont d'autre part leur saint patron, éventuellement plusieurs. Une fête "patronale" est souvent prévue.

A la fin de la messe, un "Je vous salue Marie" est quelquefois récité, ou bien on chante un chant spécial à la Vierge.

D'autre part, dans de nombreuses églises, des autels sont dédiés à la Vierge ou à des saints; et des statues, éventuellement des icones, les représentent.

La présence de ces icônes ou statues ne doit cependant pas, pendant la messe, détourner la prière de ce qui constitue son centre: l'autel et l'ambon.

———

AUTOUR DE LA MESSE

L'accueil

Il est agréable, pour les personnes qui viennent à l'église à l'heure de la messe, d'être accueillies à l'entrée.

Une difficulté est de trouver un équilibre entre cet accueil et le silence, qui reste nécessaire par respect pour le caractère sacré du lieu; si une musique douce est jouée, des échanges à voix basse sont possibles. L'accueil peut aussi se faire à l'extérieur.

Il peut y avoir une équipe d'accueil spécifique, ou bien cette fonction peut être assurée par l'équipe animatrice de la paroisse; ces personnes peuvent porter éventuellement une étiquette avec leur nom.

La distribution de la feuille de chants, ou du carnet de chants, se fait assez logiquement à l'entrée; il peut s'agir d'une équipe différente, par exemple celle qui a préparé la messe; ou encore des servants d'autel.

Le prêtre participera parfois lui aussi à cet accueil.

S'il existe une garderie pour les enfants en bas âge, les parents pourront en être informés à ce moment.

Et pourquoi ne pas prévoir aussi, pour les autres enfants, un accueil spécifique, avec distribution de matériel adapté, leur permettant de mieux tirer profit de leur présence à la messe.

Une fonction liée, mais distincte, est celle du transport des personnes âgées souhaitant venir à la messe. Il y a là tout un sujet de réflexion pour l'équipe paroissiale.

―――

Le silence

> "La messe n'est pas un spectacle, mais une prière, la prière par excellence, qui exige le silence pour se préparer à entrer dans une relation personnelle d'amour avec le Seigneur.
>
> "C'est une rencontre vivante avec le Seigneur, qui a besoin d'intériorité; le silence est de rigueur si nous voulons que la Parole de Dieu jaillisse de son mystérieux silence et résonne dans nos cœurs."
>
> Pape François[56]

Dès avant le commencement de la messe, il est bon de garder le silence, dans l'église, à la sacristie, etc., pour que tous puissent se préparer à la messe.

Le silence, explique la "Présentation Générale du Missel Romain" (PGMR) *"fait partie de la célébration"*. Trois sortes de silence sont distingués: de recueillement (p.ex. dans la préparation pénitentielle); de méditation (après les lectures ou l'homélie); de louange (à tout moment)[57].

En créant le silence en moi, je permets aussi aux autres de vivre le silence.

———

[56] Audience générale, 15 novembre 2017.
[57] Cf. Livre de Pascal Desthieux "Habiter le silence dans la liturgie".

La musique, le chant

Suivant la taille de l'assemblée et les circonstances, la fonction de "chantre" ou animateur de chants peut être assez différente.

S'il s'agit d'un très grand rassemblement, un chœur existera en général, et la fonction de l'animateur sera de guider l'assemblée par ses gestes. A l'autre extrême, dans une petite communauté, il n'est parfois pas nécessaire de prévoir un pupitre de chant face à l'assemblée.

On notera que dans des pays autres que la France, il est fréquent qu'il n'y ait pas d'animateur de chants, la musique ou un chantre au sein de l'assemblée suffisant à guider le chant.

En l'absence d'orgue ou d'autre instrument, c'est l'animateur qui donnera la note de départ du chant. Il guidera aussi son rythme, tout en restant à l'écoute du rythme effectivement adopté par l'assemblée. C'est l'animateur qui dirige l'orgue et la chorale, et non pas l'inverse[58].

Si nécessaire, il dispose d'un micro "*dont il s'éloigne quand l'assemblée chante, afin de laisser entendre sa voix, la voix du Corps du Christ*"[59]. Ce n'est pas un concert avec un ou plusieurs chanteurs, c'est une prière collective.

Le choix des chants doit se faire si possible à plusieurs, en consultant le prêtre. Le chant d'entrée et le chant de sortie doivent de préférence être bien connus de l'assemblée. Les chants doivent être choisis en liaison avec la liturgie du jour.

Si les références des chants, ou leur texte, n'ont pas été distribués à l'entrée, un affichage devra en général être prévu, et ceci suivant

---

[58] http://saint-helier.net/IMG/pdf/Animation_liturgique_GD_V9.pdf
[59] https://liturgie.catholique.fr/accueil/espace-et-acteurs/participation-acteurs-celebration/4365-de-l-animateur-au-chantre/

les possibilités et la structure de l'église (une seule nef, ou bien des bas côtés, etc.). L'annonce de ces références par l'animateur est déconseillée.

L'attitude de l'animateur doit être sobre, et respectueuse du mystère dont il n'est qu'un des serviteurs: pas de paroles, ni de gestes inutiles.

L'animation "se fait d'abord avec les gestes, et non pas avec la voix: en effet le geste est vu par l'assemblée bien plus rapidement que la voix n'est entendue. Faire le contraire (animer d'abord avec la voix) induit tôt ou tard un ralentissement du chant qui du coup, s'alourdit"[60].

L'animateur de chant doit avoir de l'oreille (p.ex. ne pas descendre au fur et à mesure des couplets…).

Il doit bien connaître les chants, pour les chanter comme ils sont écrits !

Des silences doivent être prévus: il n'est pas indispensable, par exemple, de chanter systématiquement tous les couplets prévus sur la feuille de chants de l'assemblée; ni de prévoir toujours un chant après la communion.

L'orgue doit en général jouer doucement, et pas trop longtemps.

Comme indiqué dans le chapitre sur l'espace liturgique[61], le pupitre du chanteur doit être, si possible, un peu en retrait par rapport à l'ambon, et dans tous les cas moins haut que lui.

———

---

[60] Saint Hélier.
[61] Page 63

Le psaume

Plus encore que pour les lectures, il est nécessaire que la personne qui va chanter le psaume ait répété à haute voix de nombreuses fois chez elle.

Et il est utile qu'elle travaille avec un exemplaire du texte en gros caractères, sur lequel elle soulignera les difficultés éventuelles, et les endroits où elle a tendance à se tromper, que ce soit quant à la mélodie ou quant au mot qui doit être dit.

Cette feuille sera placée ensuite à l'avance sur l'ambon, derrière le lectionnaire, d'où le chanteur la tirera discrètement au moment où il prend place.

Le refrain - appelé aussi antienne - peut être choisi librement. Il faut qu'il ait un lien avec le thème du psaume et avec la première lecture, et soit facile à retenir par l'assemblée. Il peut être chanté entre chaque strophe, ou bien au début et à la fin.

Le texte du psaume comprend souvent des soulignements, qui doivent en fait être modifiés en fonction de la mélodie choisie. [62]

Voir des conseils pour lire, ou pour écrire, la partition d'un psaume, en http://www.plestang.com/chrigv.php#a280.

Diverses suggestions pour une proclamation vivante du psaume figurent en http://www.plestang.com/chrigv.php#a237.

---

[62] Voir Psautier liturgique, p.363.

Proclamer la Parole

(Conseils pour les personnes faisant une lecture)[63]

Préparez vous à l'avance chez vous

. Lisez plusieurs fois le texte *lentement* à haute voix, en articulant bien, pour repérer les difficultés du texte. Vérifiez aussi la prononciation des noms propres (ex.: Éden, Saül, ...). Faites les liaisons; exemple: "fut adressée..." se prononce Fu-T-adressée

. Consultez une Bible pour bien comprendre le sens du passage...

Arrivez en avance !

. Cela évitera à la personne qui coordonne de s'inquiéter et de vous chercher un remplaçant...

. Avant le début de la messe *allez vérifier dans le lectionnaire* à quelle page se trouve le texte que vous lirez, et si vous aurez à tourner la page pour en trouver le début (si vous n'êtes pas le premier lecteur), ou pour en lire la fin (si le texte est réparti sur deux pages).

.Voyez aussi comment se déplace et s'allume le micro, au cas où quelqu'un modifierait ses réglages avant que vous veniez faire votre lecture.

. Voyez enfin les problèmes d'éclairage, et de lunettes (distance entre le texte et vous, taille des caractères). Voyez si la position du micro vous gênera pour voir une partie du texte !

. Et si vous en avez le temps, restez devant le lectionnaire, pour *lire à l'avance entièrement le texte* (à voix basse ou en silence) *tel qu'il est "mis en ligne" dans le lectionnaire:* ainsi les sauts de ligne prévus par le lectionnaire ne vous surprendront pas au moment de la lecture.

---

[63] Ce texte est téléchargeable (A5 recto-verso) en http://www.plestang.com/liturgie/

. Placez-vous assez près de l'endroit où se fait la lecture, ou approchez-vous un peu à l'avance, de façon à ne pas avoir à traverser toute l'église au dernier moment.

. Si vous avez un doute sur le moment exact où vous devez intervenir, *mettez-vous d'accord avec quelqu'un* qui vous fera signe quand ce sera le moment pour vous de vous avancer.

. Si vous êtes chargé de lire le psaume, il faut vous mettre d'accord avec l'animateur de chants sur les moments où on chantera les refrains.

. N'allez pas lire avec un sac ou autre objet en bandoulière ou à la main; ni les mains dans les poches ou les bras croisés, etc.

Lisez dans le lectionnaire (sauf exception convenue),

. et non dans un livre ou papier que vous apportez ou sortez de votre poche. *Le lectionnaire comporte en effet une disposition typographique permettant une meilleure proclamation publique.* Si toutefois vous devez lire à partir d'une feuille, placez-la si possible avant la messe sur l'ambon, ou bien montez lire en la portant dignement devant vous dans un support rigide.

. En venant lire inclinez-vous d'abord en direction de l'autel.

. Positionnez le micro un peu en dessous de votre bouche[64]; parlez lentement, et aussi fort que si vous parliez sans micro à ceux qui sont au fond de l'église; *chaque mot, chaque syllabe,* doit être articulé, prononcé *fort et lentement*, pour être entendu, et compris, tout au fond de l'église. La voix ne doit pas descendre en fin de phrase. Il s'agit d'une proclamation, pas d'une simple "lecture". Ne croyez pas, parce que vous avez une voix forte, qu'on vous entendra sans micro: si un micro est prévu, ce n'est pas par hasard!

. Prenez votre temps; au début arrêtez-vous tous les deux ou trois mots pour calmer votre respiration si vous êtes anxieux. Lisez

---

[64] Avec certains micros, les lettres telles que le "p" produisent des bruits importants dans les haut-parleurs: apprenez à vérifier si votre micro est dans ce cas, et alors veillez encore plus soigneusement à ne pas parler directement dans le micro, mais au dessus.

lentement. Si vous faites une erreur, ne dites pas "pardon", mais lisez à nouveau calmement le texte correct.

. Avant de lire, regardez l'assistance; puis pendant que vous lisez, c'est votre livre - Parole de Dieu - qu'il faut regarder et non l'assistance. Pas de mouvements de tête alternatifs. Pas non plus de mimiques ou de mouvements divers; pas d'emphase. C'est la Parole de Dieu que vous lisez, pas un texte sur lequel vous donnez votre opinion.

. Si vous lisez une lecture, <u>*ne dites pas*</u> "Première lecture" (ou "deuxième lecture"): commencez en disant d'où est tiré le texte lu; exemple: "De la lettre aux Hébreux...".

. Si vous lisez le psaume, restez au micro à la fin, jusqu'à ce qu'on ait fini de lire ou de chanter le refrain final.

. Si vous êtes chargé de la première lecture, vous aurez éventuellement à transporter le lectionnaire depuis le pupitre où il est exposé jusqu'à l'ambon; attendez aussi, le cas échéant, que les enfants qui vont participer à leur propre célébration de la Parole soient sortis avant de commencer à lire.

. A la fin de la lecture, dites: "*Parole du Seigneur*".

. De manière générale ayez une attitude digne, respectueuse, et non pas "décontractée" ou "avachie"...! (Il est dommage que l'on soit obligé de préciser cela!)

Après la messe *demandez éventuellement à un ami sur quels points vous pourriez vous améliorer !*

———

Carnet de chants, feuille de messe

L'utilisation des traditionnels carnets de chant, plus ou moins épais, suppose que par ailleurs, à chaque messe, une information soit donnée d'une façon ou d'une autre sur les chants qui seront chantés.

Une des solutions à cet effet est de distribuer chaque semaine, en plus du carnet, une petite feuille format A5 comprenant les références des chants, mais aussi une présentation des textes du dimanche[65] et les informations paroissiales de la semaine.

Certaines paroisses utilisent, en guise de carnet, une sorte de "feuille de chants du mois", comprenant par exemple deux ou trois chants d'entrée, et de même pour les chants de communion et de sortie. Il suffit que l'animateur entonne le chant pour que tout le monde trouve aussitôt sur la feuille le chant correspondant.

La solution classique demeure la feuille plus complète, comprenant les textes de tous les chants qui seront chantés. Mais il y correspond une dépense de papier qui peut paraître regrettable.

Certaines paroisses disposent d'un affichage sur écran des textes chantés, au fur et à mesure.

———

[65] Par exemple des "pré-lectures" - voir http://www.plestang.com/pre-lectures.php

Coordination; cérémoniaire

Une messe priante, réussie, est une messe qui a été bien préparée, et dont les participants ressortent transformés: meilleurs témoins de l'Evangile.

Le déroulé de la cérémonie doit être clair pour tous les acteurs: prêtres, lecteurs, chanteurs, etc.

Il est souvent utile qu'une personne spécifique, qui peut être différente chaque dimanche, soit chargée de la coordination: choix des lecteurs (à l'avance!), préparation de la prière universelle; éventuellement mot d'accueil; choix des quêteurs s'il n'y a pas une personne chargée spécifiquement de cet aspect. Lien avec la sacristie.

Parfois il y a aussi une personne chargée d'accompagner les servants d'autel.

Dans les messes solennelles, par exemple pour certaines messes présidées par l'Évêque, il pourra y avoir un cérémoniaire, qui veillera plus spécifiquement au déroulement de la liturgie.

———

Célébrations pour enfants

Dans certaines églises il est possible de réunir les enfants dans un local séparé pendant les lectures et l'homélie; ils reviennent ensuite au moment de l'offertoire.

D'autre part des messes propres aux enfants du catéchisme peuvent avoir lieu à certains moments de l'année liturgique.

Et enfin il y a dans certaines paroisses des messes "des familles", par exemple une fois par mois.

Les chants seront évidemment adaptés. Des participations plus nombreuses seront proposées: processions, panneaux, etc.

Eventuellement une seule des deux lectures sera faite, ou bien les lectures seront raccourcies. Avec l'accord du prêtre, une traduction autre que la traduction liturgique sera utilisée.

———

La quête

Pendant l'offertoire, la quête a lieu au sein de l'assemblée.

A la différence des quêtes occasionnelles à la sortie de la messe, qui ont des objectifs particuliers (séminaires, Secours Catholique etc.), la quête pendant la messe est destinée aux frais de fonctionnement de la paroisse et du groupe de paroisses.

C'est une *offrande* des fidèles, qui est à rapprocher de la "procession des offrandes" éventuelle (le pain et le vin pour la célébration), et peut en faire partie.

Dans certains diocèses il y a deux quêtes pendant la messe, la deuxième quête ayant un objectif diocésain. Sinon le diocèse ne dispose principalement, pour tous ses frais, que du "denier du culte", somme versée directement à l'évêché par les foyers chrétiens.

La quête n'est pas, si l'on peut dire, "facultative": elle est une des formes de notre participation à la célébration, et en même temps la base financière indispensable de la vie de la paroisse.

La sortie

La sortie de la messe peut être un moment un peu festif, avec le plaisir de saluer les autres participants.

Pendant ce temps d'autres sont restés à l'intérieur, soit pour une prière personnelle, soit pour remettre en ordre l'église en rangeant les chaises déplacées et en ramassant les feuilles qui y sont restées; aussi en aidant les personnes chargées de la sacristie à ranger les objets qui ont servi à la célébration.

A la porte, en sortant, il y a parfois une quête, et notamment les quêtes dites "impérées" (c'est à dire obligatoires). Et souvent aussi la distribution d'informations diverses, ou la vente de gâteaux par des jeunes pour payer leurs activités, ...

Le prêtre est souvent présent, et salue ceux qui sortent. Parfois il reste un peu plus longtemps, ce qui permet éventuellement de lui poser une question; de faire connaissance.

———

LA MESSE AU LONG DES JOURS

Célébrations et rites particuliers

La messe "dos au peuple"

La messe peut être célébrée "face au peuple" ou "face à Dieu" (dos au peuple), selon ce que permet la disposition du ou des autels. La disposition dos au peuple, "tournée vers Dieu", est l'ancienne disposition traditionnelle[66].

La messe en latin

La messe en latin a retrouvé sa place au sein de l'Église catholique, et est célébrée dans certaines églises, y compris quotidiennement[67].

Les églises orientales

Il existe six groupes d'églises "orientales" unies à Rome: l'église catholique copte; les églises grecques-catholiques, dont par exemple celle d'Ukraine; les églises maronite, catholique syriaque et syro-malankare; églises catholique chaldéenne et syro-malabare; l'église catholique arménienne; et enfin l'église catholique éthiopienne. Ces églises correspondent aux différents patriarcats orientaux anciens, dont elles ont gardé les rites.

Autres rites

Certains diocèses, par exemple ceux de Tolède et de Milan, utilisent également des rites totalement ou partiellement propres. Dans d'autres cas seuls quelques éléments restent différents du rite romain.

Éléments de rite propres à des ordres religieux

Les cisterciens et certains autres ordres religieux, tout en utilisant le rite romain, ont conservé quelques éléments de leur rite antérieur.

Enfin certaines communautés religieuses ont introduit, avec l'accord de Rome, des prières particulières au sein de leur célébration de la messe.

———

[66] Appelée aussi "vers l'Orient", "ad orientem".
[67] Et bien sûr il y a de nombreux lieux, notamment monastiques, où est pratiqué le chant grégorien.

Baptêmes pendant la messe

Des baptêmes sont parfois célébrés pendant la messe. Un accueil de la famille a alors lieu au début de la messe. Puis, après les lectures, l'homélie et la prière universelle, le baptême a lieu avant la liturgie eucharistique.

Messes de mariage

La célébration du sacrement de mariage ne s'accompagne pas nécessairement d'une messe. S'il y a une messe, ce n'est pas normalement la messe du dimanche, mais une messe célébrée spécialement à cette occasion.

Comme pour le baptême, la célébration du sacrement a alors lieu avant la liturgie eucharistique.

Obsèques

Les funérailles chrétiennes ne sont pas un sacrement; une messe peut cependant être célébrée à cette occasion, selon le souhait de la famille et les possibilités locales.

Sinon un laïc peut présider.

Le nom du défunt sera mentionné à la messe paroissiale du dimanche.

———

Les autres confessions chrétiennes

Parmi les diverses confessions chrétiennes, certaines considèrent, comme les catholiques, que la célébration de la mémoire de la Cène correspond à la présence réelle du corps et du sang du Christ. C'est le cas principalement des orthodoxes, mais aussi des luthériens, et des anglicans de la "Haute Église".

Par contre les calvinistes, les pentecôtistes et les évangéliques voient dans la célébration du culte une simple commémoration.

Chez les orthodoxes, la célébration est appelée *Divine liturgie*. Elle est très différente de la messe catholique.

Chez les anglicans par contre des ressemblances existent.

"L'intercommunion", qu'il convient d'appeler plutôt "hospitalité eucharistique", participation de membres de différentes confessions au même repas eucharistique, n'est en général pas acceptée par les Églises.

———

"Assemblées du dimanche" en l'absence de prêtre

D'abord connues sous le nom d'ADAL ("Assemblée dominicale animée par des laïcs"), puis d'ADAP ("Assemblée en l'absence de prêtre"), des célébrations sans prêtres ont lieu certains dimanches, parfois de façon inopinée, dans des paroisses.

Pas de prêtre... Que faisons-nous?

Eh bien nous prions!

Pas de consécration, mais parfois tout de même communion...

Le site de la Conférence des Évêques de France indique:

"... La communauté chrétienne se réunit pour prier, accueillir et célébrer la Parole de Dieu et éventuellement, selon les directives de chaque diocèse, partager le pain eucharistique. Préparées avec le prêtre et animées par un diacre ou par des laïcs, ces célébrations suivent le déroulement de la messe, mais ne comprennent ni prière eucharistique, ni consécration.

Exemple:

Un laïc sert de président à l'Assemblée, et, après un chant d'entrée, commence en disant, à partir du choeur (un peu en retrait et décalé par rapport à l'ambon):

- *Nous traçons sur nous le signe de la croix: Au nom du Père....*
- *Nous reconnaissons que nous sommes pécheurs* (suit le Kyrie, ou le Je confesse à Dieu récité).

Suivent les lectures, faites comme d'habitude à partir de l'ambon.

Un bref commentaire des lectures et de l'Évangile est fait, par exemple à partir d'une revue liturgique mensuelle.

Pas de prière eucharistique bien sûr. Le Notre Père, éventuellement en se donnant la main. Des chants.

Il y a, ou non, communion, selon les instructions du diocèse, à partir de la réserve contenue dans le tabernacle.

———

Célébrations particulières

Dans le cadre de communautés spécifiques, ou de groupes de jeunes, il arrive que des célébrations un peu différentes soient proposées.

Il peut s'agir de messes dans lesquelles certains éléments sont davantage mis en avant, en fonction du public. Par exemple des "messes de jeunes", ou bien "des familles" ou "des catéchismes", dans lesquelles la musique et les chants prendront souvent une place importante.

Il existe aussi des initiatives du type "messe qui prend son temps", pendant lesquelles des temps de silence, d'intercession, voire de discussion, sont prévus.

———

Et si nous faisions mieux?

Tous, responsables paroissiaux, prêtres, simples fidèles, nous pouvons faire mieux: aimer plus; monter vers le Seigneur dans l'amour...

Les fidèles d'abord... :

- Non seulement arriver à l'heure, c'est à dire avant l'heure !
- Mais aussi ne pas parler à voix haute dans l'église avant la messe: respecter les autres... et la présence *réelle* de l'eucharistie dans le tabernacle.
- Chercher ce que nous pouvons faire pour aider...
- Proposer des idées nouvelles; donner notre avis (dans la charité !)
- Participer financièrement, même si nous avons peu (la "piécette": Luc 21).

Les responsables (liturgie, sacristie, ...) doivent avoir les mêmes soucis, mais aussi... :

- Avoir l'œil: veiller à ce que les divers services soient bien remplis ! Que les lampes, cierges et micros soient allumés!
- Accueillir les nouveaux (de préférence après la messe).
- Contribuer à un ménage minimum: ramasser des papiers qui traînent, ranger des chaises, des carnets de chant, ...
- Etc.

Parlons des prêtres maintenant, et je pense d'abord à tout ce qu'ils apportent, par leur engagement, leur dévouement, leur expérience. Mais aussi... :

- On aimerait, s'il n'y a pas de raison majeure - autre messe en début de matinée... - qu'il arrive, *non seulement "à l'heure" - c'est à dire dix minutes avant l'heure*, le temps de se préparer, de faire le point avec l'équipe liturgique du jour; le temps de prier un peu aussi, le temps enfin d'aller éventuellement jusqu'au fond de l'église, si la procession d'entrée part de là, et de saluer quelques paroissiens, *mais réellement en avance*. Par exemple pour qu'on le voie prier un moment dans l'église. Pour que, aussi, les paroissiens qui ont besoin de le voir avant la messe puissent le faire !

- On aimerait, les cas sont heureusement rares, *qu'ils ne célèbrent pas à toute vitesse*: j'en ai vu un, une fois, que l'on surnommait paraît-il "TGV"; un autre, très fier de regarder sa montre après la fin de la messe, content de n'avoir pas dépassé le nombre de minutes qu'il visait...

- On aimerait, de manière générale, qu'il dise les prières *lentement*; vraiment lentement, en pensant chaque mot. Et non pas qu'il les récite rapidement; d'une part pendant la ou les deux premières minutes, qui sont le premier contact avec l'assemblée.; mais aussi tout au long de la messe: en laissant des pauses; des temps de silence. De même, par exemple, pour la consécration: il arrive malheureusement que le prêtre lise ou récite trop vite les paroles de cette partie centrale de la messe. Comme on aimerait qu'il prenne vraiment le temps, lentement, distinctement: que chaque phrase, chaque mot, soient énoncés "comme si c'était la première fois"; comme une prière solennelle... que cela doit être.

- On aimerait aussi qu'il regarde l'assemblée, et peut-être même, assez souvent, qu'il dise les prières de la messe de mémoire, au lieu d'avoir les yeux rivés sur son missel.

- Pour la communion il arrive que le prêtre la donne avec un geste automatique, rapide; disant "le Corps du Christ" avant que l'on soit arrivé en face de lui. Ou avec une voix tonitruante; et parfois sans regarder les personnes avec qui ils ont le bonheur de partager la présence du corps du Christ. D'autres prêtres heureusement prennent vraiment le temps, et éventuellement sourient, ou même disent le prénom de la personne quand ils le connaissent!

On aimerait que de temps en temps il commente un peu les prières, ou ajoute un détail. Voire même qu'il prenne des initiatives. Ainsi ce prêtre qui un jour a commencé la messe en disant: "Vous êtes aimés de Jésus, et vous avez le Saint Esprit en vous! "

———

RÉFLEXIONS

Vous le croyez vraiment?

Je crois que l'au-delà existe, et que Jésus est venu, de cet au-delà, nous montrer ce qu'est l'amour: jusqu'à en mourir.

Je crois aussi, non seulement qu'il s'est montré vivant après sa mort, ressuscité, mais qu'il est présent au milieu de nous, pour nous faire monter vers lui; par son Esprit, par son Église, et notamment par l'eucharistie: la messe.

Pourquoi croit-on ou ne croit-on pas, et comment brusquement se met-on à croire? Cela dépasserait ce que l'on peut dire en quelques pages[68].

Ce qui est vrai, pour ceux qui croient, c'est que monter dans l'amour, et devenir si possible des saints, est le chemin que nous voulons suivre avec son aide. En vivant *en lui*, et en ayant *lui vivant en nous*.

"Je suis le pain vivant descendu du ciel" a dit Jésus (Jn 6,51); et lors de son dernier repas, il a rompu le pain et l'a partagé en disant: "Prenez et mangez, ceci est mon corps; faites-ceci en mémoire de moi" (Lc 22,19).

Le pain et le vin deviennent le corps et le sang du Christ, non pas d'une façon visible, mais néammoins d'une façon réelle: ce qu'on appelle la *présence réelle*. Le réel n'est pas forcément le visible.

Pourquoi le croyons-nous? Parce que Jésus l'a dit. Il est à la fois notre boussole - il nous montre le chemin - et notre aliment pour la route.

Je crois que Dieu nous aime.

―――

---

[68] Voir mon livre "Le fait Jésus".

La messe est-elle un sacrifice?

Le mot "sacrifice" a plusieurs sens, depuis tuer une victime, jusqu'à renoncer à quelque chose pour une raison ou pour une autre. On n'emploie pas souvent l'expression "saint sacrifice de la messe". Et, pour la mort du Christ en croix, on ne parle pas principalement de "sacrifice": on le voit surtout comme un geste d'amour extrême.

A l'époque du Premier Testament, les sacrifices faits au Temple étaient l'un des centres de la vie religieuse. La Pâque juive, commémoration de la sortie d'Egypte du peuple hébreu, était fêtée par chaque famille avec un agneau. Et Jésus est présenté par l'évangile comme le nouvel agneau pascal, dont la mort et la résurrection nous ouvrent à une vie nouvelle, dans l'amour.

La messe est la célébration de la mort et de la résurrection de Jésus, qui a vécu sa passion une fois pour toutes, et a institué ce mémorial que nous célébrons depuis lors.

Nous sommes associés réellement par cette célébration à l'événement qui nous libère du péché: qui nous permet de sortir peu à peu de nos refus d'amour; de nos manques d'amour. Un chemin pour toute notre vie.

L'eucharistie (la messe, l'hostie) est un sacrement, signe visible d'une réalité non visible: la vie de Dieu venant en nous.

———

Le péché, le salut

> *"Si tu veux aider l'humanité, apprends-lui à ne plus pécher!"*[69]

Nous sommes pécheurs. Le péché, c'est le manque d'amour.

L'amour dont il est question ici, c'est celui que Jésus nous a révélé, et que nous pouvons commencer à mettre en pratique avec son aide et celle de l'Esprit.

Le salut c'est d'entrer dans la vie de l'amour. C'est en découvrant peu à peu ce qu'est l'amour selon Jésus, que nous pouvons prendre conscience de notre péché, qui est refus d'amour et manque d'amour.

Nous avons nos faiblesses, nos duretés, nos refus, nos incompréhensions des autres.

La prière, la vie dans l'Esprit Saint, les sacrements (communion, confession) nous aident à changer. A aimer moins mal.

Dieu est miséricordieux: Jésus nous a montré ce qu'est son amour.

———

---

[69] Ph.Lestang- "Le fait Jésus" p.29.

Sur le vocabulaire de la messe

La théologie sous jacente à différents textes de la messe peut poser problème à certains chrétiens, étant parfois trop liée à une spiritualité particulière, éventuellement culpabilisante, ou à une certaine idée de Dieu.

Une oraison de sortie, fréquemment entendue, dit par exemple :
"Dieu très bon, reste auprès de ton peuple, car sans toi notre vie tombe en ruines."

Un chrétien fidèle ne peut pas imaginer, je pense, que Dieu ne reste pas auprès de lui - la sensation d'absence, c'est autre chose ; et si c'est un non-croyant qui entend cela, quelle idée de Dieu sommes-nous en train de lui communiquer ?

De même lorsqu'on demande à Dieu d'être *favorable* !
Quelle est l'idée de Dieu sous-jacente ?

———

Questions théologiques

Les textes liturgiques, et plus encore les chants proposés aux assemblées, comportent parfois des affirmations théologiquement discutables, ou en tout cas discutées.

Pour ce qui est des chants, le cas le plus célèbre est celui du "Minuit chrétiens", qui ne figure plus dans les recueils actuels, et dont le cardinal Lustiger avait interdit l'utilisation - notamment sans doute parce que la phrase "...de son Père arrêter le courroux" n'est pas considérée comme une façon satisfaisante de présenter l'incarnation.

Mais il y a beaucoup d'autres chants du XIX° siècle que nous ne pourrions plus chanter, la théologie et la piété actuelles étant différentes.

D'autre part certains chants venant de milieux protestants ou évangéliques, parfois chantés en milieu catholique, ont une théologie sous-jacente qui n'est pas la nôtre.

En ce qui concerne les textes liturgiques, la situation est plus délicate, les textes ayant été revus par les instances compétentes. Mais par exemple le "Notre Père", dont la traduction est peu claire[70], ou certaines prières de la messe, peuvent poser problème.

Ainsi dans la 3° formule de la prière pénitentielle, il est dit à la fin que le Christ "intercède pour nous". Cette formulation, tirée de la lettre aux Romains (8,34), est à comparer avec ce que Jésus dit dans l'évangile de Jean: "Je ne vous dis pas que je prierai le Père pour vous" (Jn 16,26); et "Le Père et moi nous sommes un" (Jn 10,30). Jésus est Dieu. Peut-on prier Dieu de prier Dieu?

---

[70] Voir commentaire pp. 46-47.

ANNEXES

Approfondir notre participation

Quelques suggestions:

- Lire chez soi, le matin ou la veille, les textes prévus pour ce dimanche.
- Arriver en avance.
- Se placer au deuxième rang (ou au premier), et non pas au fond.
- Se proposer, à l'occasion, pour une fonction que vous pensez pouvoir accomplir.

Et aussi:
- Participer quelquefois à une messe en semaine.
- Avoir un missel de l'année en cours, ou bien s'abonner à une revue telle que *Magnificat* ou *Prions en Église*, qui donnent des commentaires liturgiques et bibliques sur chaque messe.
- Après la messe, relire les textes du jour.
- Avoir une Bible et apprendre à l'explorer.

———

La nouvelle version française du texte de la messe

Une nouvelle traduction du Missel romain entre en vigueur le premier dimanche de l'Avent 2021. Un petit livre récapitule les principaux changements [71].

Changements mineurs, mais nombreux!

En voici quelques uns, pris simplement au début de la messe (je ne cite que des extraits):

• Deux des trois formules de salutation initiales sont modifiées:

– « La grâce de Jésus, *le Christ*, notre Seigneur…

– « Que la grâce et la paix de Dieu notre Père, *et du Seigneur Jésus, le Christ* …

• La phrase initiale de la préparation pénitentielle devient:

– « *Frères et soeurs*, préparons-nous à *célébrer le mystère de* l'Eucharistie en reconnaissant que nous *avons péché.* »

• Le « Je confesse à Dieu » a plusieurs modifications, essentiellement:

« Je confesse à Dieu tout-puissant, je reconnais devant *vous, frères et soeurs*, que j'ai péché (…)

C'est pourquoi je supplie la *bienheureuse* Vierge Marie (…)

• La deuxième et la troisième « formules » sont aussi modifiées – extraits de la 3°:

– Seigneur Jésus, envoyé *pour guérir les coeurs qui reviennent à toi*, Seigneur prends pitié! (…)

– Seigneur, *qui sièges à la droite* du Père, où tu intercèdes pour nous (…) Je note l'absence du mot « Jésus »…

Etc.

La version française du Symbole de Nicée est légèrement modifiée. Au lieu de dire du Christ qu'il est « de même nature que

---

[71] Voir en Bibliographie page 127.

le Père », on dit qu'il est « consubstantiel », signifiant qu'il partage, avec le Père, une unique substance (« il est engendré par le Père sans séparation de substance » écrit Bernard Sesboüé).

L'introduction du livret rappelle les origines de ces changements dans le texte de la messe, et détaille à partir de la page 30 la méthode suivie pour l'adoption des modifications.

Le point de départ est la version 2002 du Missel romain (en latin), qui a remplacé l'édition initiale de 1970/1975 faisant suite au Concile Vatican 2. Le travail sur la version française correspondante a commencé par une traduction littérale du texte latin par des latinistes, que l'on a ensuite comparée au texte français actuellement en usage; on a alors élagué, ou ajouté, pour se rapprocher du texte latin. Mais on a aussi examiné le résultat ainsi obtenu, pour tout formuler « dans un style simple, coulant, apte à être cantillé, et surtout à être prié. »

Après le travail en commission est venue une période de votes par les conférences épiscopales nationales, puis de consultation de Rome.

Le dossier a ensuite été bloqué quelques années parce que Rome avait un droit de veto, et tenait à certains points, qui étaient refusés par les évêques francophones.

La difficulté a été résolue par un Motu Proprio du Pape François en septembre 2017, donnant aux Conférences épiscopales davantage de poids dans les décisions.

Puis la mise en vigueur a été reportée de l'Avent 2020 à l'Avent 2021 pour tenir compte de délais plus longs dans certains pays francophones.

Sur les blocages voir par exemple:
https://www.cath.ch/newsf/traduction-missel-romain-bloquee/.

Voir le texte latin de référence ("Missel romain") en:
https://media.musicasacra.com/books/latin_missal2002.pdf
à partir de la page 303.

———

Note sur diverses fêtes et solennités

La fête de la Sainte Famille est célébrée le dimanche qui suit Noël, sauf si Noël est un dimanche, auquel cas elle est célébrée le vendredi 30.

L'Epiphanie est fêtée le premier dimanche de janvier, sauf si ce dimanche est le 1° janvier (solennité de Sainte Marie, mère de Dieu), auquel cas l'Epiphanie est reportée au dimanche 8 janvier .

Le Baptême du Christ est fêté le deuxième dimanche de janvier sauf si Noël est un dimanche ou un lundi, auquel cas ce Baptême est fêté le lundi suivant l'Epiphanie.

Lorsque *le 2 février (Présentation du Seigneur au Temple)* est un dimanche, c'est cette fête qui est célébrée, à la place du dimanche ordinaire (notamment en 2020 et 2025).

Lorsque *l'Annonciation* (25 mars) tombe pendant la Semaine Sainte, sa célébration est reportée au lundi suivant le 2° dimanche de Pâques. Si elle tombe un dimanche de Carême elle est reportée au lendemain.

Lorsque la *Nativité de Saint Jean-Baptiste* (24 juin) tombe un dimanche, c'est elle qui est célébrée, à la place du dimanche ordinaire (notamment en 2029).

De même la *fête de Saint Pierre et Saint Paul* (29 juin), la *Transfiguration* (6 août); la solennité de *l'Assomption* (15 août), la fête de *la Croix glorieuse* (14 septembre), la *fête de tous les saints* (1° novembre), la *Commémoration de tous les fidèles défunts* (2 novembre) et la *Dédicace de la Basilique du Latran* (9 novembre).

Les traductions françaises de la Bible

Il existe de très nombreuses éditions de la Bible, correspondant à des traductions - à partir de l'original grec ou hébreu - qui diffèrent légèrement les unes des autres.

Parfois en effet il peut y avoir plusieurs façons de rendre en français une même idée; également, une Bible pour les jeunes par exemple, sera parfois rédigée de façon un peu différente.

Parmi les Bibles en français on peut notamment citer:
- La Traduction Oecuménique de la Bible ("T.O.B.")
- La Bible de Jérusalem
- La Bible en Français Courant
- La Bible de la liturgie
- La Bible Osty

Il existe des Bibles, protestantes, dans lesquelles la liste des livres de la Bible est plus restreinte que dans les éditions "catholiques" ou "oecuméniques". Les catholiques reconnaissent en effet comme inspirés par Dieu divers livres (notamment Judith, Tobit, Baruch, la Sagesse et les Maccabées) qui ne sont pas reconnus par les protestants.

L'ordre des livres peut différer, pour le Premier Testament, d'une édition de la Bible à l'autre.

Pour les critères de choix d'une Bible, se reporter à
http://www.plestang.com/docs/Choisir-une-Bible.pdf

———

Petit abécédaire religieux

pour les personnes connaissant peu le christianisme[72]

Trois petits dictionnaires se suivent ci-après:
- Le premier, ci-dessous, est destiné aux personnes qui ignorent tout ou presque du christianisme.
- Le deuxième, intitulé "Vocabulaire", page 116, est le plus général.
- Le troisième, "Lexique", page 123, développe certains thèmes de façon plus approfondie.
SE REPORTER AUSSI à l'index, page 130.

Un mot est mis *en italique* dans les textes ci-après quand il fait par ailleurs l'objet d'une définition dans l'un des dictionnaires.

Année liturgique C'est l'ensemble des événements liturgiques d'une année, commençant vers début décembre avec *l'Avent*, préparation de Noël, et se poursuivant jusqu'à novembre de l'année suivante, en comprenant notamment le Carême, Pâques et la Pentecôte.

Apôtre 1. Au sens strict: "les Douze", disciples privilégiés que Jésus a choisis "pour être avec lui" pendant sa mission terrestre. - 2. Dans le Nouveau *Testament*, Saint Paul est aussi appelé apôtre. 3. Le mot apôtre est utilisé comme qualificatif de certains saints, comme par exemple Saint Damien de Veuster, "apôtre des lépreux".

Avent Première partie de *l'année liturgique*, comportant quatre dimanches préparatoires à Noël.

Baptistère Le nom plus exact est "*Fonts baptismaux*". C'est la cuve utilisée pour célébrer le sacrement de baptême.

Bénitier Vasque disposée à l'entrée de l'église, contenant de l'eau bénite.

Bible Ensemble des "livres", par exemple l'Exode, ou l'Évangile de Jean, formant un tout et considérés comme inspirés par Dieu.

---

[72] Voir aussi en bibliographie le livre "Les mots et la foi".

Chapelle Partie, à l'intérieur d'une église, où se trouve un autel secondaire.

Chemin de croix 1. Prière basée sur quatorze épisodes traditionnels du Chemin de croix de Jésus, de sa condamnation à sa mise au tombeau. 2. Ensemble de quatorze tableaux ou autres symboles, sur les murs intérieurs des églises, utilisés pour cette prière.

Christ Mot grec équivalent du mot hébreu "messie": "celui que Dieu a choisi". Plus spécifiquement: Jésus.

Communion 1. Harmonie entre des personnes, entre des groupes religieux. 2. Réception de *l'hostie*, dans la main ou dans la bouche.

Consacré 1. Personne engagée par des voeux au service de Dieu. 2. Objet réservé à un usage religieux - 3. Pain et vin devenus corps et sang du Christ à la messe.

Credo (En latin "Je crois") Nom des deux textes solennels ("Professions de foi") au choix, par lesquels les chrétiens proclament leur foi à la messe.

Culte 1. Ensemble des actes de la liturgie. 2. Synonyme de confession chrétienne (ex.: Culte calviniste).

Diocèse Territoire placé sous la responsabilité d'un évêque, souvent en France un département. Habitants catholiques de ce territoire.

Eau bénite C'est de l'eau qui a été bénie (notez la différence d'orthographe); elle est utilisée en particulier pour les aspersions et pour les baptêmes.

Élévation Au cours de la prière eucharistique, le prêtre élève successivement le corps puis le sang du Christ qu'il vient de consacrer.

Enfant de chœur Voir *Servant d'autel*.

Épître Appellation traditionnelle des lettres de Paul et d'autres apôtres (Nouveau Testament).

Esprit Saint C'est une des trois personnes de la *Trinité*. Il est présence de Dieu au milieu des chrétiens et en eux; il nous fait entrer, vivre, communier à l'Amour même de Dieu.

Eucharistie Provient du grec "action de grâces", attitude de Jésus face à son Père - 1. *Sacrement*, la messe, qui rend présent le sacrifice du Christ sur la croix. 2. Le pain et le vin qui ont été consacrés à la messe.

Évangéliques Chrétiens de diverses tendances ou "églises" qui se sont développées depuis le 18° siècle, hors des courants antérieurs[73].

Fonts baptismaux Cuve utilisée pour célébrer les baptêmes.

Génuflexion Geste du prêtre, mettant brièvement un genou à terre, par respect, à divers moments de la messe. Certains fidèles font également des génuflexions.

Gloria Prière de louange, "Gloire à Dieu", dans la messe.

Grégorien Type de chant, d'origine monastique, utilisé au cours de certaines messes.

Hébreux Dénomination utilisée dans certains livres de la Bible pour désigner le peuple des "Israélites", ou "Juifs".

Hostie Pain sans levain utilisé pour la communion.

Incarnation Dieu est entré dans l'histoire des hommes "en prenant chair" en la personne de Jésus.

Juifs Terme désignant, selon le contexte, soit un groupe ethnique, soit les personnes qui pratiquent la religion juive.

Kyrie Terme désignant un élément de la "préparation pénitentielle" au cours de la messe. Vient du grec "Kyrie eleison":"Seigneur prends pitié!"

Laïc Chrétien qui n'est ni ordonné (prêtre, diacre) ni consacré (religieux).

Messie Mot hébreu: celui qui a été choisi par Dieu, l'élu, le roi sauveur attendu par les Juifs. Le mot grec correspondant est "Christ".

Missel 1. Livre qui contient les prières de la messe, et dont le prêtre se sert à l'autel. 2. Extrait du précédent, utilisé par les fidèles.

Noël Célébration de la naissance du Christ

Oraison 1. Attitude de prière (terme vieilli) 2. Une prière particulière prévue à un moment donné de la messe.

Orthodoxe 1. Conforme à la doctrine de l'église 2. Églises chrétiennes d'Orient séparées de Rome, et membres de ces églises.

Pâques Célébration de la résurrection du Christ.

---

[73] Noter par ailleurs que le mot "évangéliste", outre les auteurs des évangiles, désigne maintenant, surtout dans les milieux anglo-saxons, un orateur (dans un domaine quelconque), et pas un chrétien.

Parole de Dieu ou "Parole du Seigneur": C'est d'une part la Bible, écrite sous l'inspiration divine; c'est d'autre part Jésus, "*Verbe*", révélation de Dieu.

Péché Actes, attitudes, pensées, qui sont contraires à l'amour; à la relation à Dieu. *Voir LEXIQUE, p.122*

Présence réelle Le Christ est réellement présent, bien que de façon non visible, sous la forme de l'*eucharistie*.

Prie-Dieu Sorte de chaise, très basse, sur laquelle on se met à genoux.

Protestants Chrétiens faisant partie de groupes ou églises issus de la séparation au 16° siècle entre l'église catholique et les partisans de la Réforme: notamment luthériens, réformés et évangéliques.

Résurrection 1.Réapparition de Jésus, après sa mort, dans un corps aux propriétés nouvelles. - 2. Notre résurrection future, après la mort.

Royaume Jésus nous propose d'entrer dans le "royaume de Dieu", qui est déjà "au milieu de vous" (Luc 17) et qui est aussi "éternel", après la mort. Cf. *Vie éternelle.*

Sacerdoce 1. État du prêtre ("sacerdos" en latin), ayant reçu l'ordination sacerdotale. 2.Fonction spécifique de Jésus, de relation entre Dieu et les hommes.

Sacré Désigne d'une part ce qui est réservé pour le culte, et d'autre part ce qui touche au divin: essentiellement les sacrements.

Sacrement Signe visible, acte rituel, signifiant une réalité invisible, action de Dieu, réalisée à travers ce signe. Dans l'Église catholique il y a sept sacrements : le baptême et la confirmation; l'eucharistie, la pénitence (confession); l'onction des malades, l'ordre (par lequel on devient diacre, prêtre ou évêque); le mariage.

Saint - Sainte 1. Caractéristique de Dieu: sa transcendance. 2. Personne dont l'Église a officiellement reconnu la très haute valeur spirituelle. - 3. Caractéristique d'un objet ou d'un livre se rattachant à la foi; exemple "La Sainte Bible".

Saint Esprit Voir *Esprit Saint*.

Saint Sacrement Le pain et le vin consacrés dans l'eucharistie.

Seigneur ("Le") Synonyme de Dieu; de Jésus.

Servant d'autel Assistant du prêtre pendant la célébration de la messe et des sacrements.

Signe de croix Geste que l'on fait en plaçant sa main successivement sur le front et sur chacune des deux épaules, et en disant "au nom du Père et du Fils et du Saint Esprit".

Signer (se) Tracer sur soi le signe de la croix.

Tabernacle Petite armoire, située en général dans le *choeur*, destinée à conserver les hosties consacrées; une lampe rouge signale la présence de cette "réserve eucharistique".

Testament On appelle respectivement "premier" ("ancien") testament, et "nouveau" testament les deux parties principales de la Bible. On dit aussi "Alliance", et notamment "nouvelle alliance".

Trinité Dieu Père, Fils et Esprit; trois "personnes" constituant un seul Dieu: qui est "Notre Père"; se révèle à nous comme "Le Fils"; et est présence de Dieu auprès de nous et en nous (*Esprit Saint*).

Vie éternelle Promesse de vie dans l'éternité faite par Jésus, et qui est déjà au présent vie dans l'amour (Jn 5,24): dans le *royaume*.

Verbe C'est Jésus, révélation de Dieu, *parole* vivante (Cf début de l'évangile de Jean: "Le Verbe s'est fait chair").

Vierge Un des noms désignant Marie, mère de Jésus.

———

Vocabulaire[74]

Voir aussi l'Abécédaire religieux ci-dessus, et le Lexique page 123.

Un mot est mis *en italique* dans le texte quand il fait par ailleurs l'objet d'une définition dans l'un des dictionnaires.

Abside Extrémité du *choeur* d'une église, souvent en forme de demi-cercle.

ADAP - ADAL Assemblée Dominicale "en l'Absence de Prêtre" / "Animée par des Laïcs".

Adoration du Saint Sacrement Prière devant l'eucharistie, exposée à cet effet.

Alleluia Nom de chants contenant le mot hébreu "Alleluia" ("Louez le Seigneur!") utilisés notamment avant l'évangile.

Ambon Pupitre à partir duquel est proclamée la Parole de Dieu, et d'où est dite *l'homélie* ainsi que la *prière universelle*.

Amen Mot hébreu utilisé pour signifier un accord: "Oui, vraiment!"

Anamnèse Prière qui suit les paroles de la *consécration*; elle comporte une acclamation de l'assemblée.

Antienne 1. Bref texte biblique qui est dit par le prêtre au début de la messe et au moment de la communion. - 2. "Refrain" associé à un psaume dans la récitation monastique.

Aspersion Rituel qui peut avoir lieu notamment au début de la messe.

Assemblée Terme qui inclut le prêtre dans certains cas; pour ne pas y inclure le prêtre, la *PGMR* utilise l'expression "le peuple".

Aube Vêtement blanc porté pour les célébrations par les prêtres et par les diacres, mais éventuellement aussi par les autres intervenants dans la liturgie.

---

[74] Voir également les définitions sur le site de l'Église catholique en France (https://eglise.catholique.fr/glossaire/).

Burettes Petits récipients contenant le vin et l'eau pour la célébration de l'eucharistie.

Calice Coupe destinée à recevoir le vin qui deviendra, à la messe, le sang du Christ.

Canon 1. Nom désignant la *prière eucharistique*, partie centrale de la messe: de la préface jusqu'à la "petite élévation" avant le Notre Père. 2. Le "canon des écritures", est l'ensemble des livres bibliques reconnus par l'Église (d'autres livres, non reconnus, sont appelés "apocryphes").

Célébrant(s) Le ou les prêtres qui célèbrent (concélèbrent) l'eucharistie.

Cène Repas du Christ avant sa passion; mais aussi "Sainte Cène" des protestants, commémorant ce repas.

Chantre Animateur des chants de l'assemblée, chantant aussi habituellement le psaume.

Chasuble Vêtement ample, sans manches, porté au dessus de l'aube par le prêtre pour la célébration de la messe.

Choeur 1. Autre nom pour le *sanctuaire* de l'église - 2. Ensemble de chanteurs - 3. En architecture, extrémité d'une église, après la nef.

Ciboire Vase dans lequel sont placées les hosties consacrées.

Cierge pascal Grand cierge allumé lors de la veillée pascale et placé ensuite dans le choeur pendant tout le temps pascal.

Clerc Prêtre ou diacre.

Collecte 1. Nom de la prière qui termine les rites d'ouverture de la messe. - 2. Autre nom des quêtes effectuées pendant la messe ou à sa sortie.

Communion 1. Réception du Corps et du Sang du Christ - 2. Union entre les personnes qui partagent une même foi.

Communion sous les deux espèces Voir le chapitre "Gestes des fidèles" p. 56.

Confession 1. Affirmation de sa foi ("Confession de foi") - 2. Sacrement de pénitence - 3. Nom donné à chacune des différentes *églises* chrétiennes (catholique, orthodoxe, etc.).

Consécration / Consacrer 1. Transformation du pain et du vin dans le corps et le sang de Jésus - 2. Acte liturgique vouant au service de Dieu une personne, un objet ou un bâtiment.

Corporal Linge que le prêtre place sur l'autel au début de la messe pour y placer la *patène* et le *calice*.

Corps du Christ 1. L'hostie consacrée, qui est le corps de Jésus donné pour nous. 2. L'Église dans son ensemble, unie, et présence de Jésus parmi les hommes.

Couleurs liturgiques Couleur, selon les jours ou les périodes, de la chasuble et de l'étole des prêtres, ainsi que du tissu décorant l'ambon.

Crédence Petite table où sont disposés à l'avance les hosties, le calice, le vin et l'eau qui seront utilisés pour la messe.

Croire *Voir LEXIQUE, p.123.*

Custode Petite boite en métal utilisée principalement pour transporter une ou plusieurs hosties destinées à des malades.

Diacre Le diacre "permanent" (par opposition aux diacres appelés à devenir prêtre peu après) a reçu une ordination de l'évêque, et participe aux activités du diocèse; à la messe il lit notamment l'évangile, et invite les participants, après le Notre Père, à se donner un signe de paix. Il peut être marié.

Doxologie Formule de louange ("parole de gloire") employée dans la liturgie, en général comme finale de prière. Exemples: "Car c'est à toi..."; "Par Lui, avec Lui, ..."

Église 1. L'ensemble des chrétiens, disciples de Jésus-Christ - 2. Communauté particulière partageant, soit une même foi (ex.: église évangélique locale), soit une même tradition liturgique (ex.: Église catholique copte) - 3. Bâtiment consacré au culte.

Élévation Geste par lequel le prêtre "élève" l'hostie et le calice pour les présenter à l'assemblée.

Embolisme Prière intercalée. Exemple, après le Notre Père: "Délivre-nous de tout mal Seigneur ..."

Épiclèse Prière à l'Esprit Saint, lui demandant de venir sur le pain et le vin de l'Eucharistie, ou sur des personnes.

Espérance *Voir LEXIQUE, p.123.*

Étole Longue bande d'étoffe, de la couleur liturgique, que les prêtres et les diacres portent par dessus l'aube, pour la messe comme pour les autres sacrements (confession, baptême, ...).

Évangéliaire Livre utilisé éventuellement à la messe, en plus du lectionnaire, pour lire l'évangile.

Fête La célébration des saints, et des événements de la vie du Christ et de l'Église, peut avoir, dans le calendrier liturgique, quatre niveaux d'importance: les fêtes, les solennités, et les mémoires (facultatives ou obligatoires). Pour les fêtes et solennités des textes de la Bible propres sont prévus, en semaine le Gloria est chanté (ou récité).

Fidèles Désigne en principe l'ensemble des participants à la messe ("ceux qui ont la foi", du latin "fides"); utilisé en pratique pour désigner les participants autres que les célébrants.

Foi *Voir LEXIQUE, p.123.*

Goupillon Court bâton terminé par une boule, servant à asperger les fidèles d'eau bénite.

Grâce *Voir LEXIQUE, p.123.*

Guérir *Voir LEXIQUE, p.123.*

Homélie Commentaire des textes et exhortation, par le prêtre ou le diacre, après la lecture de l'évangile.

Hosanna Acclamation de louange adressée à Dieu, signifiant "Gloire à toi" mais aussi "Sauve nous!".

Hostie Au sens originel: victime immolée; et maintenant: Jésus, sous la forme du pain eucharistique.

Icône Peinture religieuse "écrite" sur un panneau de bois, selon les traditions des Églises orientales. Ce sont des images du Christ, de la Vierge ou d'un saint, destinées à la vénération par les fidèles.

Impéré(e) Ordonné par l'autorité supérieure (quêtes impérées).

Intinction Action éventuelle de tremper l'hostie consacrée dans le calice, pour la communion des fidèles.

Kyrie "Seigneur" - Prière chantée ou récitée au cours de la messe, en grec ou en français; elle s'adresse au Christ.

Lavabo Rite du lavement des mains à la messe (verbe latin).

Lectionnaire Livre utilisé à la messe pour lire les lectures, et aussi l'évangile si on n'utilise pas d'évangéliaire.

Lectures Terme utilisé en pratique pour désigner la ou les lectures bibliques précédant l'évangile.

Liturgie 1. Culte rendu à Dieu par l'Église, qui est en même temps une oeuvre que Dieu accomplit en son peuple. - 2. Acte rituel de prière. Voir ci-dessus p.22.

Manuterge Linge avec lequel le prêtre s'essuie les doigts au moment du lavabo.

Memento des morts Prière pour les morts. "Memento" est un mot latin qui signifie "Souviens-toi".

Memento des vivants Le memento des vivants n'est prévu que dans certaines *prières eucharistiques*. Le prêtre l'ajoute parfois, par exemple après la prière pour l'Église.

Mémoire 1. Une des formes des fêtes des saints, "obligatoire" ou "facultative", moins solennelle que les *fêtes* proprement dites. 2. On "fait mémoire" des morts et des vivants au cours du *Canon* de la messe.

Ministre Terme général s'appliquant à toute personne qui accomplit une fonction à un moment donné dans la liturgie: le prêtre bien sûr, mais aussi le lecteur ou une personne qui donne la communion.

Monition Invitation adressée par le célébrant à l'assemblée.

Mystagogie "Initiation aux mystères", c'est à dire préparation des catéchumènes aux sacrements.

Mystère *Voir LEXIQUE, p.124.*

Offrande/ offrandes 1. Au cours de la messe, ce sont essentiellement le pain et le vin destinés à l'eucharistie, mais aussi éventuellement la quête ou d'autres dons apportés en procession. 2. Somme donnée pour la célébration d'une messe.

Ordinaire 1. Ordinaire de la messe: Ensemble des textes constituant la partie invariable de la célébration (s'oppose au *propre* de la messe du jour). 2. Temps ordinaire: Périodes de l'année liturgique autres que le temps de Noël et le cycle du Carême et de Pâques. 3. "Ordinaire" d'un diocèse: l'évêque.

Orientem ("ad") Tourné vers l'Orient. Appellation des messes célébrées dos à l'assemblée. L'orient figure le Christ, "soleil levant".

Pale Petit carré blanc rigide que l'on place sur le calice pendant la célébration de la messe jusqu'à la consécration.

Pardon des péchés *Voir LEXIQUE, p.124.*

Patène Petit plat sur lequel on dispose la grande hostie et éventuellement des petites hosties pendant la messe.

Péché Voir LEXIQUE, p.124

Pénitence 1. Faire pénitence, c'est reconnaître son péché et adopter une attitude en conséquence 2. Le *sacrement* de pénitence et de réconciliation est l'acte par lequel un prêtre, au nom de Dieu, vous absout de ces péchés, sans que cela dispense de réparer les torts commis à autrui. 3. L'acte ou la prière que le prêtre prescrit au pénitent, en liaison avec l'absolution donnée.

PGMR "Présentation Générale du Missel Romain", document officiel de l'Église catholique pour la célébration de la messe.

Préface Prière qui introduit le *canon* de la messe.

Présence réelle Le Christ est présent de diverses façons dans l'Église: par sa Parole et dans les divers sacrements. Le pain et le vin deviennent à la *consécration* corps et sang du Christ, c'est à dire «Présence réelle du Christ».

Prière eucharistique Partie centrale de la messe, de la préface jusqu'à la "petite élévation" avant le Notre Père.

Prière universelle Cette prière, qui suit la profession de foi à la messe notamment le dimanche, permet de présenter les intentions de prière de l'Église et celles de la communauté.

Profession de foi 1. Proclamation ou chant du *Credo*, à la messe, avant l'offertoire. 2. Vers l'âge de douze ans, renouvellement des promesses du baptême.

Purificatoire Linge avec lequel le prêtre essuie le calice après avoir communié, et qu'utilise la personne qui distribue la *communion sous les deux espèces*, après qu'une personne ait bu au calice.

Quête impérée Quête obligatoire, en plus de la quête habituelle; la liste de ces quêtes est fixée par le diocèse ou par la Conférence nationale des Évêques.

Rémission des péchés Voir "Pardon des péchés", LEXIQUE, p.124.

Rendre grâce à Dieu C'est le remercier.

Réserve (eucharistique) Hosties placées dans le tabernacle.

Rite 1. Ensemble des gestes et paroles utilisés dans une cérémonie, notamment religieuse. - 2. Nom désignant les usages liturgiques propres à une tradition religieuse: "rite latin", "rite copte" etc.

Rituel 1. Déroulement détaillé du rite (paroles, gestes). - 2. Livre précisant ce déroulement.

Sacrifice VOIR "La messe est-elle un sacrifice?" page 101.

Sainteté 1. Une des caractéristiques de Dieu, le Tout autre: sa perfection. - 2. Appliqué par conséquence à l'Église, fondée par Jésus.

Salut Voir LEXIQUE, p.125.

Sanctuaire 1. Partie de l'église où se déroule l'essentiel de la liturgie, comprenant l'autel, l'ambon et le siège du président; ce n'est pas nécessairement le "*choeur*" architectural. 2. Édifice central d'un lieu de pélerinage.

Sauver Voir LEXIQUE, p.125.

Signer (se) Faire le signe de croix.

Solennité La forme la plus élevé des *fêtes* liturgiques.

Symbole 1. Signe (l'eau, la lumière du cierge, etc) représentant une réalité plus large. 2. Énoncé synthétique de la foi: *profession de foi* (texte d'accord adopté à un des premiers conciles de l'Église).

Transubstantiation Transformation, non visible, au cours de l'eucharistie, du pain et du vin dans le Corps et le Sang du Christ.

Trinité 1. Dieu, comme une seule réalité divine dans l'unité d'amour de trois personnes. 2. *Solennité*, le premier dimanche après la Pentecôte.

Lexique

Présentation plus détaillée de certains concepts

Voir aussi "Abécédaire religieux" page 111 et "Vocabulaire" page 116.

Croire - Foi (chrétienne)

Avoir la foi, c'est croire que Dieu existe et qu'il est présent; c'est vivre une relation personnelle de plus en plus confiante avec lui; c'est être convaincu que Jésus est vraiment ressuscité, et qu'il nous invite, soutenus par son Esprit, à monter de plus en plus dans l'amour. C'est croire ce qu'il nous a dit par les évangiles et à travers les auteurs du Nouveau Testament.

Espérance

L'espérance, c'est la confiance en Dieu pour l'avenir: pour notre avenir immédiat; pour après la mort. Elle est moins que certitude et plus qu'espoir.

Grâce

C'est le don de l'amour de Dieu, que Jésus nous a manifesté par sa parole, ainsi que par sa vie et sa mort. Vivre dans la grâce, c'est vivre dans cet amour.

Guérir

Les mots "guérir et "sauver" sont employés de façon indifférenciée dans les évangiles (ainsi "sauvé" en Mt 9,21 pour une guérison). La guérison physique peut être le signe visible d'une "guérison spirituelle": la mise en route vers Dieu.

Mystère

C'est une vérité ou un ensemble de vérités que Dieu nous révèle, qui dépasse les limites de ce que la raison humaine accepte, mais que l'on peut comprendre en partie dans la foi, parce qu'on voit le monde plus largement, en acceptant ce que Dieu nous dit.

Péché

Le péché, c'est l'absence d'amour, ou le refus d'aimer. Nous découvrons ce qu'est le péché par la révélation que nous fait Jésus de ce qu'est l'amour. Le chrétien se reconnaît pécheur en prenant conscience de la distance entre l'amour total et lui.

Pardon des péchés ("rémission")

L'Église a reçu de Jésus le pouvoir de "pardonner" les péchés au nom de Dieu, par le sacrement de pénitence (ou "confession"); mais cela suppose une vraie repentance, et surtout le souci de réparer les torts faits à autrui.

Lorsque nous reconnaissons nos péchés, nous nous rapprochons de Dieu.

Pitié

La liturgie utilise, dans la préparation pénitentielle et dans le Gloria, des expressions telles que "Seigneur prends pitié!", le terme étant pris ici comme une reconnaissance de notre manque d'amour.

Un autre usage du mot pitié intervient lorsque nous prions pour des personnes qui sont dans la difficulté: nous demandons alors à Dieu d'intervenir pour elles.

Salut[75]

"Le salut, c'est d'entrer dans l'amour dès cette terre, avec l'aide de Dieu; et cela se poursuivra après notre mort. (...) C'est la possibilité d'entrer dans une relation en vérité, une relation d'amour, avec les autres et avec Dieu"[76].

Sauver

Le Christ est venu nous révéler la voie du salut, de la vie véritable en plénitude: entrer dans l'amour.

Et il continue à nous porter, jour après jour: par sa Parole; par les sacrements: par l'Église; par l'Esprit; par sa présence en nous.

Par ces deux aspects il nous sauve.

Il est à la fois la boussole et la nourriture pour le chemin.

---

[75] Voir aussi "Réflexions" page 102.
[76] "Le fait Jésus" p.35

Références des citations
figurant dans le livre

"Il est grand le mystère de la foi" (page de garde)

Cette expression, utilisée notamment au cours de la messe dans l'une des versions de l'anamnèse, est tirée de 1 Tm 3,16 qui propose, sous ce titre, un résumé de la foi (désignée à cet endroit, dans beaucoup de traductions, par "piété"); voir aussi Rm 16,25-26. Oui, que c'est beau, notre foi!

Marie, mère de l'Église (page de sommaire)

Marie, présente à la Pentecôte avec les Apôtres (Actes 1,14), est, dès les premiers siècles, désignée parfois comme mère de l'Église; elle est mentionnée par les papes sous ce nom depuis le XIX° siècle. Dans l'évangile de Jean, Jésus en croix lui dit, en désignant "le disciple qu'il aimait": "Femme, voici ton fils!" (Jn 19,26-27).

Le pape François a institué sa fête - mémoire obligatoire - le lundi de Pentecôte.

Bibliographie[77]

Voir aussi: "Sur Internet" page 128

- *Découvrir la nouvelle traduction du Missel romain* - Desclée Mame 2019.
- *Dieu est vivant* - Catéchèse orthodoxe - Cerf 2000.
- *L'art de célébrer la messe* - Présentation Générale du Missel Romain ("PGMR") - Desclée Mame 2010[78].
- *Psautier - Version oecuménique texte liturgique*[79] - AELF 1977
- *Tables de la Bible* (Traduction officielle liturgique)[80] - AELF 2014.
- *Théo: L'encyclopédie catholique pour tous* - Mame 2009.

BÉGUERIE Philippe - *Pour vivre l'Eucharistie* - Cerf 1993.
BÉGUERIE Philippe - *L'homélie: De la Parole à l'Eucharistie* - Desclée de Brouwer, 2013.
CARMIGNAC Jean - *A l'écoute du Notre Père* - F.X. de Guibert 1995.
De CLERCK Paul - *L'intelligence de la liturgie* - Cerf 1995.
DEISS Lucien - *La Messe, sa célébration expliquée* - DDB 1989.
DESTHIEUX Pascal - *Habiter le silence dans la liturgie* - Salvator 2016.
DESTHIEUX Pascal - *La messe... enfin je comprends tout* - Editions Saint-Augustin 2005[81].
DROUIN Gilles (sous la direction de) - *L'espace liturgique, un espace d'initiation* - Cerf 2019.
DROUIN Gilles - *Architecture et liturgie au XVIIIe siècle* - Cerf 2019.

.. / ..

---

[77] Voir également: *Les différentes traductions de la Bible* page 110.
[78] La PGMR comprend un important "Index analytique" qu'il est bon d'utiliser.
[79] Voir les différentes annexes, très instructives.
[80] Comprend des index très complets, notamment des jours où un texte est lu.
[81] Orienté "jeunes"; rempli de remarques utiles.

DUCHESNEAU Claude - *Petit traité d'animation liturgique* - Ed. de l'Atelier 1997.
DUCHESNEAU Claude - *Proclamer la Parole* - Cerf 2010.
DUMOULIN Pierre - *La messe expliquée pour tous* - Editions des Béatitudes 2017[82].
GIRAUDO Cesare - *In unum Corpus, Traité mystagogique sur l'Eucharistie* - Cerf 2014.
LESTANG Philippe - *Le fait Jésus* - Actes Sud 2012.
LESTANG Philippe - *Pré-lectures: Présentation des lectures des dimanches* - BoD 2018.
LESTANG Philippe - *Les mots et la foi: Un vocabulaire du christianisme* - BoD 2021.
METZGER Marcel - *Histoire de la liturgie* - DDB 1994.
METZGER Marcel et al. - *Célébrons le dimanche: Assemblées de la Parole* - Editions du Signe.
PETITFILS Jean-Christian - *Jésus* - Fayard 2011.
SESBOÜÉ et WOLINSKI - *Le Dieu du salut* - Desclée 1994.
WACKENHEIM Michel - *Guide pour célébrer la messe* - Signes d'aujourd'hui.
WRIGHT Charles - *Le chemin du coeur: l'expérience spirituelle d'André Louf* - Salvator.

---

[82] Voir notamment les commentaires de type biblique dans la deuxième partie.

Sur Internet

Liturgie catholique (Service national de la Pastorale Liturgique):
    https://liturgie.catholique.fr/ et https://liturgie.catholique.fr/lexique/

Définitions sur le site de l'Église catholique en France
    https://eglise.catholique.fr/glossaire

Texte latin 2002 du missel romain (pp 303 ss.)
    https://media.musicasacra.com/books/latin_missal2002.pdf

Article au sujet des discussions sur la nouvelle version du missel
    https://www.cath.ch/newsf/traduction-missel-romain-bloquee/

L'animateur liturgique (chanteur):
    http://saint-helier.net/IMG/pdf/Animation_liturgique_GD_V9.pdf

    https://liturgie.catholique.fr/accueil/espace-et-acteurs/participation-acteurs-celebration/4365-de-l-animateur-au-chantre/

Réflexion sur "Dieu tout puissant"
    https://www.cairn.info/revue-etudes-2007-1-page-62.htm

Le dernier repas de Jésus, Seder de Pessah?
    http://www.garriguesetsentiers.org/article-12116051.html

Sur les sites de Philippe Lestang
  Discussions sur ce livre "Comprendre la messe":
    http://www.plestang.com et http://www.plestang.com/blog/

  Conseils relatifs aux psaumes:
    http://www.plestang.com/chrigv.php

  Conseils pour proclamer la Parole
    http://www.plestang.com/liturgie

  Sur le Notre Père:
    https://bibliques.wordpress.com/2017/11/14/retour-sur-le-notre-pere/

  Choisir une Bible:
    http://www.plestang.com/docs/Choisir-une-Bible.pdf

  "Pré-lectures":
    http://www.plestang.com/pre-lectures.php

Index

Noms propres - noms bibliques

De Clerck 64
Desthieux 47,79
Didascalie 14
Evry 63
Giraudo 16
Israël 11,16
Jean-Baptiste 29,67,109

Louf 30,65,73
Marie 3,25,26,34,35, 67, 75,107,109,126
Pape François 79,108, 126
Paris 63

Petitfils 16
St Cyrille de Jérusalem 71
St Jean Damascène 36
Saint Hélier 63,80,81
Sesboüé 108
Wright 30,73

Mots

Abside 116
Accueil 78,87,93,95,97
Action de grâces[83] 7,12,14, 40,49,112
ADAL/ADAP 95
Adoration 35,55,61,116
Agneau 16,17,28,29, 48,49,101
Alleluia 31,32,67,116
Alliance 39,115
Ambon 30,31,37,38,54, 59,60,63,68,75,51,81, 84,85,95,116,118,122
Amen 24,25,116
Anamnèse 42,43,116, 126
Année liturgique 65-67,88, 106,111
Antienne 24,49,82,116

Apôtre 10,14,34,36,47, 68,111,112,126
Aspersion 26,58,61,112, 116
Assemblée 18,21,41,49, 56,74,95,116
Aube 20,59,116
Autel 20,24,25,30,38,50, 51,54,55,56,58,59,60, 61,63,64,75,84,92,116, 122
Avent 28,50,51,65,67, 68,107,111
Baptême 35,36,68,93 109,111,112,113,114, 118,121,
Baptistère (Fonts baptismaux) 63,111
Bénitier 56,61,63,111
Bible/biblique 7,11,12, 22,24,25,29-32,65,

66,83,106,110,111, 113,114,115,117,
Burette 59,117
Calice 38,39,45,48-50, 55-57,59,71,117-121
Canon 75,117,120,121
Célébrant 18,20,59,63,117, 119,120[84]
Cène 7,10,11,25,54,94,117
Chant/chants 12,20, 22,24,27-32,34,37, 39-41,43,44,48-49, 51,55-56,63,67,74, 75,78,80-82,84-88, 92,95-97,104,113, 116,117,119,121, 129
Chantre 32,80,117, 129
Chasuble 20,117
Chapelle 112
Chemin de croix 64,112

---

[83] Voir aussi *Eucharistie*.

[84] Voir aussi *Prêtre*.

Cierge(s) 20,59,61,63, 64,97,117,122
Choeur 20,31,55,63-64, 80,95,112,115-117, 122
Ciboire 38,50,117
Clochette 43,59
Communion[85] 14,18, 22,24,25,34,36,38,40, 45,47,48-50,55,57, 59,71,81,86,94,95, 98, 102,112,113,116, 117,119-121
Confession[86] 50,64,94, 102,112,114,117,118, 124
Consacré 14,18,23,33, 38,42,47,64,112,114, 115,117-119
Consécration 18,22,38, 41,42,45,50,55,58,95, 98,116,117,120,121
Corporal 38,59,118
Corps du Christ 10,14, 16,18,22,38,42,43,45, 48,49,57,71,80,94,98, 100,112,117,118,121, 122
Couleurs liturgiques 20, 68,118
Crédence 50,59,118
Credo 34,36,55,67,75, 112,121
Croire 12,34-36,100,112

Croix 17,20,25,32,33, 44,54,56,59,63,64,95, 101,109,112,115,122, 126
Culte 22,38,89,92,94, 112,114,118,120
Custode 50,118
Denier du culte 89
Diacre 20,31-33,47,49, 51,54-59,95,113,114, 116,119
Diocèse 89,92,95,112, 118,120,121
Dos au peuple 92
Doxologie 42,45,56,118
Eau bénite 26,56,58, 63, 111,112,119
Église 3,10,14,15,18,20, 25,34-37,39,42,44,45, 47,56,60,61,63,64,70, 72,75,78,79,81,84,88, 90,92,94,97,98,100,106, 111-114,116-122, 124-126,129
Élévation 43,45,59,112, 117,118,121
Embolisme 118
Encensement 54,56,58, 59,61,64
Enfant(s)[87] 41,45,49, 73,78,85,88,112
Épiclèse 41,42,55,56, 118
Épître 65,112

Espérer/espérance 27,46, 51,118,123
Esprit-Saint 10,11,16,17, 24,25,28,32,34,35, 40-42,45,50,51,98 100,102,112,115, 118, 123, 125
Étole 20,118
Eucharistie[88] 7,11,14, 15,21,22,26,38,40-42, 44,45,55,61,71,93-95, 97,100,101,107,112, 114-122,127,128
Évangéliaire 60,61,119
Évangéliques 14,94,104, 113,114,118
Évêché 89
Évêque 18,25,33,49, 60,70,87,95,108, 112,114,118,120, 121
Fête 16,20,28,30,37, 48,50,60,65,67,68, 75,101,109,119,120, 122,126
Fidèles 14,18,37-39, 44,47-49,54-58,61, 63,64,89,97,103, 109, 113,117,119
Fleurs 61,64
Foi 1,7,11,18,33,34, 42-45,47,51,56,74, 111,112,114,117,118, 119,121,122,123,126
Fonts baptismaux 63, 111,113

---

[85] Voir aussi Eucharistie
[86] Voir aussi Pénitence
[87] "Enfants de choeur: voir "servants d'autel".
[88] et "eucharistique".

Génuflexion 43,55-57, 113
Gestes 20,43,47,48, 49,53,54,56,58,59,73, 80,81,98,101,113, 115,117,118, 122
Gloire à Dieu/Gloria 28,29,32,35,36,39-41, 43-46,51,54,67, 113,118,119,124
Gong 59
Goupillon 58,61,119
Grâce[89] 24,107,123
Grégorien 92,113
Guérir 26,27,48,49, 107,119,123
Hébreu(x) 16,25,85, 101,110,112,113,116
Homélie 33,54,56,79, 88,93,116,119,127
Hosanna 41,119
Hostie 18,21,22,38,43, 45,47-50,55-57,59, 61,64,71,101,112, 113,115,117-119, 121
Icône 75,119
Impéré 90,119,121
Incarné/incarnation 36,40, 104,113
Intinction 49,57,71,119
Israël 11,16,113
Juifs 16,48,101,113
Kyrie 27-28,41,95, 113, 119

Laïc 25,33,71,93,95, 113,116
Latin 14,18,22,25,36,48, 51,92, 108,112,114, 119,120,122,129
Laver/Lavabo 39,55, 59,119,120
Lectionnaire 30,33, 54,60, 61,82-85,119
Lectures 18-20,22,29-32, 46,54,56,60,63,65-67, 79,82-86,92, 94,118
Liturgie 7,11,15,20,22, 30,32,38,40,46,53, 61,63-68,75,79-83, 87,88,92-98,104, 106-109,111-122
Manuterge 59,120
Marie (Vierge) 3,25, 26,34,35,67,75,107, 109,115,119,126
Memento des morts 120
Memento des vivants 120
Mémoire (faire) 10,14, 22,43,64,94,100,120
Mémoire (fête) 67,68,119, 120,126
Messie 112,113
Ministre 120
Missel 7,15,21,24,33, 44,60,61,79,98,106-108, 113,121
Monition 26,27,120
Mystagogie 120
Mystère 18,26,40,42-44, 73,79,81,107,120,124

Noël 28,40,67,68,109, 111,113,120
Notre Père/ Père 24,25, 27-29,34-36,39,40, 44-47,50,51,55,56,95,104,107,108,112,115, 117-119,121,127,129
Offertoire 38,55,56,58, 59,88,89
Offrande/offrir 38-42, 44,45,56,58,73,89, 120
Oraison/prière 7,11, 12,15,18,21,22,26, 28,29,31,37,39,40-42,44,45,50,55-57, 60,64,73-75,79,80, 87,92,95,98-100, 103,104,112-114, 116-121
Ordinaire 22,65,66,68, 109,120
Orient (Églises d'-) 15, 18,92,113,119,
Orientem (ad) 92,120
Orthodoxe 11,14,42, 94,113,117,127
Paix 20,24,25,28,46, 47,48,51,57,107,118
Pale 38,120
Pâque (sans "s") 16, 17, 101
Pâques 65,68,109, 111, 113,120

Pardon 26,27,35,46,85, 120,121,124
Pardon des péchés 124

---
[89] Voir aussi "Action de grâces"

Parole de Dieu 14,15, 22,30-33,38,48,49, 58,63,65,74,79,83, 85, 95,114-116,121, 123,125
Patène 38,39,50,55, 59,118,121
Péché 16,17,26-29, 34-35,39,43,46-49, 56,95,101,102,107, 114,120,124
Pénitence/Préparation pénitentielle 25,26, 54,56,58,64,79,104, 107,113,114,117, 121, 124
Pentecôte 17,67,68, 94,111,122,126
Père voir Notre Père
PGMR 21,24,25,30,33, 38, 44,49,79,116,121, 127
Pitié 26-28,48,107, 113,124
Préface 40,117,121
Présence/présence réelle 14,25,94, 97,98,100, 112,114,115,118, 121,125
Présidence 18,20,25, 60,63, 87,93,95,122
Prêtre 12,18-22,24-29, 31-33,37-40,42,43, 45-51,54-61,64,68, 70,71,78,80,87,88, 90,95,97,98,112-121
Prie-Dieu 64,114
Prière voir Oraison
Prière eucharistique 15, 21,22,38,40-42,45, 55,93-95,112,117, 120,121
Prière universelle 30, 36,37,55,87,93, 116,121
Profession de foi 34, 56,112,121,122
Protestants 11,32,104, 110,114,117
Purgatoire 11
Purificatoire 38,59,121
Quête 38,39,87,89,90, 117,119-121
Règne 35,46,47
Rémission des péchés 34, 43,121,124
Rendre grâce[90] 28,30, 40, 42,50,51,74,121
Réserve 95,115
Résurrection/ressuscité 7,10,11, 14,16-18,34-36,42-45, 48,100,101, 113,114, 123
Rite 14-16,18,20,22,24, 29,45,47,50,58,73,92, 114,116,117,119,120, 122
Roi,royaume 10,28,39, 41,113-115
Sacerdoce 114
Sacré 78,114
Sacrement 7,11,22, 39,60, 61,68,72,93, 101,102, 111,112, 114-120,123,124
Sacrifice 14,17,25,39, 54,56,101,112

Saint[91] 11,19,25,26,28, 31,34,36,40,42,44,60, 61,64,65,67,68,71,75, 100,101,109,111,114, 117,119,122
Salut 10,16,26,35-37, 42,44,102,118,122, 124,125
Sanctuaire 63,117,122
Sauver voir Salut
Sauveur 44-46,113
Servants d'autel 20,38, 43,57-59,63,78,87,115
Signe 7,39,84,101,114, 115, 122,123
Signe de croix 25,54, 56,63,95,115,122
Signer (se) 56,122
Solennité 28,60,65,67, 68, 71,109,119,122
Symbole 25,34-36,49, 54,107,112,122
Tabernacle 56,64,95, 97,115,121
Testament 25,31,44, 65,66,101,110-112, 115,123
Transubstantiation 122
Trinité 25,29,112,115,122
Victime 18,44,101,119
Vie éternelle 14,27,34,36, 39,40,45,48,54,114,115
Vierge: Voir Marie

---

[90] Voir aussi Action de grâces.   [91] Saint-Esprit: voir Esprit Saint.

Abréviations

PGMR - "Présentation Générale du Missel Romain" 2002.

Livres bibliques mentionnés
(dans l'ordre de la Bible)

		Pages
Ex	Exode	16, 111
Is	Livre d'Isaïe	41
Ps	Psaumes	73
Mt	Évangile de Matthieu	11, 14, 25, 41, 46, 51, 123
Mc	Évangile de Marc	29
Lc	Évangile de Luc	25, 29, 96, 100
Jn	Evangile de Jean	14, 29, 75, 100, 104, 126
Actes	Actes des Apôtres	126
Rm	Lettre aux Romains	104, 126
1 Co	Première lettre aux Corinthiens	44
1 Tm	Première lettre à Timothée	126
2 Tm	Deuxième lettre à Timothée	25
1 P	Première lettre de Saint Pierre	14, 25
Ap	Apocalypse	41, 48

Les chiffres figurant derrière les noms de livres bibliques désignent le chapitre, puis le verset au sein du chapitre.

Exemple: Jn 19,26 désigne, dans le chapitre 19 de Jean, le verset 26.

Version électronique

Ce livre est également disponible en version électronique, au prix de 1 euro.

N'hésitez pas à vous procurer cette version (Epub ou Kindle): vous pourrez ainsi faire des recherches dans le texte !

L'achat en est possible notamment sur le site Amazon et sur le site des éditions Bod: Bod.fr (la mise en page de la version Kindle est meilleure).

———

Postface

La messe constitue, pour ma femme Catherine et moi, le moment central de notre journée.

Le projet de ce livre m'est venu dans la prière.
Puis le manuscrit a grossi peu à peu... Quand j'ai commencé, je ne pensais pas qu'il y aurait tant de sujets à évoquer... Je voulais simplement mettre quelques commentaires sur les prières de la messe.

Vos suggestions et critiques sont bienvenues, et permettront d'améliorer le travail.

Vos observations sur ce livre peuvent être faites notamment sur mon blog en http://www.plestang.com/blog/.

-----

*"Si on savait ce qu'est la messe,
on en mourrait!"*
   (Le saint Curé d'Ars)

Remerciements

Merci à celles et ceux qui m'ont fait part de leurs remarques et suggestions, au long de l'élaboration de ce livre.

Outre ma femme et notre fils aîné François, prêtre ccn, je remercie de tout mon coeur plusieurs amis, dont le Père Xavier Molle ccn, Jacqueline Dècle et Alain-Pierre Renson.

Ils ne sont, évidemment, nullement engagés par ce que j'ai écrit.

Photo de couverture:
Communauté du Chemin Neuf (Tigery, 91)

A propos de BoD

"BoD", "Books on Demand", est une formule intéressante **d'auto-édition**, bien différente du compte d'auteur.

Cet éditeur "à façon" se charge d'une part de l'impression du livre, et d'autre part de sa diffusion par la centrale "SODIS" que tous les libraires utilisent, ainsi que sous forme électronique, pratique pour faire des recherches dans le texte.

Le manuscrit est imprimé tel que fourni par l'auteur, pour un coût d'inscription de 19 euros, une fois pour toutes. *Le livre étant imprimé au fur et à mesure des demandes*, il ne sera jamais épuisé.

Il est possible d'en modifier le texte quand on le veut, pour produire une édition révisée, en payant à nouveau 19 euros. On peut en outre rompre le contrat si on veut passer chez un vrai éditeur.

Chez BoD, c'est l'auteur qui fixe le prix de vente: ils vous disent à combien revient la fabrication d'un exemplaire (par exemple: "8 euros 35"), et vous décidez alors de votre marge. J'ai personnellement fixé cette marge au minimum, d'où le prix de vente assez faible de ce livre.

Je suis très satisfait de cette formule, même si on n'a pas tout à fait les mêmes services qu'un vrai éditeur, par exemple pour la promotion en direction de la presse ou pour que le livre puisse être en pile chez les libraires.

A noter aussi que le site BoD permet à tout internaute de visualiser, dès le premier jour, les 15 premières pages du livre (http://bit.ly/2Pf3jnl pour le présent livre): ce qui est plus complet, plus rapide, et aussi mieux fait que l'aperçu qui sera proposé un peu plus tard par Amazon.

———

CHANGEMENTS
dans le texte de la
MESSE

On trouvera ci-dessous les **modifications dans certaines phrases prononcées par l'Assemblée,** *qui entrent en vigueur à partir du 1° dimanche de l'Avent 2021.*

Je confesse à Dieu

"Je confesse à Dieu tout-puissant, je reconnais **devant vous, frères et sœurs**, que j'ai péché en pensée, en parole, par action et par omission. Oui, j'ai vraiment péché.
(..) C'est pourquoi je supplie la **bienheureuse** Vierge Marie, les anges et tous les Saints, et vous aussi, **frères et sœurs**, de prier pour moi le Seigneur notre Dieu."

Ou bien

Le prêtre - *Prends pitié de nous Seigneur.*
L'assemblée - **Nous avons péché contre toi**.
P: *Montre nous, Seigneur, ta miséricorde.*
A: **Et donne-nous ton salut**.

Gloire à Dieu

(..) Seigneur Dieu, Agneau de Dieu le fils du Père; toi qui enlèves **les péchés** du monde, prends pitié de nous; toi qui enlèves **les péchés** du monde, reçois notre prière ...

Credo (Symbole de Nicée-Constantinople)

"Je crois en un seul Dieu, le Père tout-puissant, créateur du ciel et de la terre, de l'univers visible et invisible. Je crois en un seul Seigneur Jésus Christ, le fils unique de Dieu, né du Père avant tous les siècles: Il est Dieu, né de Dieu, lumière née de la lumière, vrai Dieu né du vrai Dieu, Engendré, non pas créé, **consubstantiel au Père**, et par lui tout a été fait. Pour nous les hommes (..)."

.. / ..

CHANGEMENTS DANS LE TEXTE DE LA MESSE (*Suite*)

"Prions ensemble.."

Une nouvelle formule est possible:

Le prêtre - *Priez, frères et sœurs: que mon sacrifice, qui est aussi le vôtre, soit agréable à Dieu le Père tout-puissant.*

L'assemblée - **Que le Seigneur reçoive de vos mains ce sacrifice à la louange et à la gloire de son nom, pour notre bien et celui de toute l'Église.**

Après la consécration

Quatre formules sont possibles:

1.
Le prêtre - *Il est grand, le mystère de la foi:*
L'assemblée - Nous **annonçons** ta mort, Seigneur Jésus, nous **proclamons** ta résurrection, nous attendons ta venue dans la gloire.

2.
Le prêtre - *Acclamons le mystère de la foi:*
L'assemblée - **Quand nous mangeons ce Pain et buvons à cette Coupe, nous annonçons ta mort, Seigneur ressuscité, et nous attendons que tu viennes.**

3.
Le prêtre - *Qu'il soit loué, le mystère de la foi:*
L'assemblée - **Sauveur du monde, sauve-nous! Par ta croix et ta résurrection, tu nous as libérés.**

4.
Le prêtre - *Proclamons le mystère de la foi:*
L'assemblée - **Gloire à toi qui étais mort, gloire à toi qui es vivant, notre Sauveur et notre Dieu: Viens, Seigneur Jésus !**

Agneau de Dieu

.. Qui enlèves **les péchés** du monde,
  prends pitié de nous (2) Donne-nous la paix.

―――――

Fichier téléchargeable en http://www.plestang.com

Table des matières résumée

La table des matières détaillée est en page 3

Avant-propos	7
INTRODUCTION	9
GÉNÉRALITÉS SUR LA MESSE	13
LE DÉROULEMENT DE LA MESSE	23
Rites d'ouverture	24
Liturgie de la Parole	30
Liturgie eucharistique	38
Rites de conclusion	50
GESTES ET OBJETS LITURGIQUES	53
Les gestes à la messe	54
Le service de l'autel	59
Lectionnaires et missel	60
Objets liturgiques	61
L'ESPACE LITURGIQUE	63
LA PAROLE DE DIEU A LA MESSE	65
TEMPS LITURGIQUES, FÊTES ET SOLENNITÉS	67
VIVRE LA MESSE	69
AUTOUR DE LA MESSE	77
LA MESSE AU LONG DES JOURS	91
RÉFLEXIONS	99
ANNEXES	105
Vocabulaire	116
Bibliographie	127
Index	130

© 2021 Philippe Lestang Édition: BoD – Books on Demand
12/14 rond-point des Champs-Élysées, 75008 Paris
Impression: BoD – Books on Demand, Norderstedt, Allemagne
ISBN 9782322 201778 Dépôt légal: février 2020